MPAcc MAud
复试真题超精解
成本管理会计

总策划 ◎ 乐学喵考研复试研究院

主编 ◎ 段文佳　　　　副主编 ◎ 丁健雯

北京理工大学出版社
BEIJING INSTITUTE OF TECHNOLOGY PRESS

版权专有　侵权必究

图书在版编目（CIP）数据

MPAcc、MAud 复试真题超精解. 成本管理会计 / 段文佳主编. -- 北京：北京理工大学出版社，2023.12

ISBN 978－7－5763－3293－3

Ⅰ.①M… Ⅱ.①段… Ⅲ.①成本会计-研究生-入学考试-自学参考资料 Ⅳ.①F234.2

中国国家版本馆 CIP 数据核字（2024）第 014035 号

责任编辑：申玉琴	文案编辑：申玉琴
责任校对：周瑞红	责任印制：李志强

出版发行 / 北京理工大学出版社有限责任公司
社　　址 / 北京市丰台区四合庄路 6 号
邮　　编 / 100070
电　　话 / (010) 68944451（大众售后服务热线）
　　　　　（010) 68912824（大众售后服务热线）
网　　址 / http://www.bitpress.com.cn

版 印 次 / 2023 年 12 月第 1 版第 1 次印刷
印　　刷 / 三河市文阁印刷有限公司
开　　本 / 787 mm×1092 mm　1/16
印　　张 / 12.5
字　　数 / 293 千字
定　　价 / 59.80 元

图书出现印装质量问题，请拨打售后服务热线，负责调换

一、成本会计和管理会计的职能、发展

早期，成本会计隶属于财务会计体系，其主要作用在于确定对外报告所需的销货成本和存货成本等信息。随着竞争的加剧和企业管理水平的提升，成本会计越来越多地服务于企业内部管理，成为一门独立于财务会计的学科。

在这一过程中，成本会计的职能也由最初的成本核算，发展为集成本预测、成本决策、成本计划、成本控制、成本核算、成本分析和成本考核为一体的职能体系。

而管理会计是从成本会计的基础上发展起来的一门学科，它拓宽了原有成本会计的预测、决策等职能，其主要职能可以概括为预测经济前景、参与经济决策、规划经营目标、控制经济过程、考核评价企业业绩。

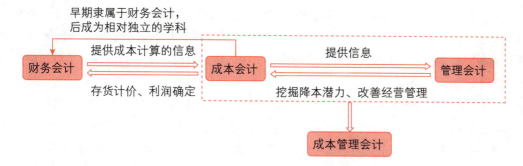

通过对比成本会计和管理会计的职能可以看出，二者在职能上存在交叉，而且二者在内容上也存在交叉：管理会计中包含了许多成本会计的内容，如预测分析中有成本预测、决策分析中有成本决策、全面预算中包含了成本费用预算、责任会计中包含了责任成本预算；成本会计中也包含了管理会计的内容，如作业成本法、标准成本法，成本会计和管理会计均将它们列入教材之中。

为了减轻大家的学习压力，并消除由于两门学科内容界限不清造成的认识上的混乱，我们将二者合为成本管理会计，将交叉的内容合并讲解。

二、本书体系及学习方法

本书共分为如下四部分。

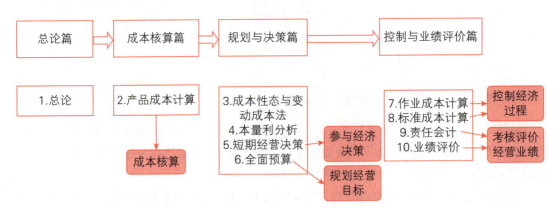

第一部分：总论篇。 本篇主要介绍成本会计和管理会计的产生、发展和职能，本书后面的内容都是紧紧围绕二者的职能展开的。

第二部分：成本核算篇。 本篇主要解决如何计算产品成本的问题，这是成本会计成本核算职能的具体体现。

第三部分：规划与决策篇。 本篇首先介绍管理会计的两种基本方法——成本性态分析和本量利分析。然后运用上述两种基本方法进行短期经营决策，并根据所做的决策编制全面预算。此处的短期经营决策是管理会计参与经济决策职能的体现，而全面预算则是管理会计规划经营目标职能的体现。

第四部分：控制与业绩评价篇。 本篇包括两部分，一部分是成本控制，企业通过标准成本法、作业成本法与实际成本比较进行成本控制，这是管理会计控制经济过程职能的体现；另一部分内容是业绩评价，在企业内部责任中心和整体两个层面进行，这是管理会计考核评价经营业绩职能的体现。

三、复习备考范围

由于本书包括成本会计和管理会计的全部内容，大家要根据目标院校的考查科目，确定备考范围。

如果院校考查的是成本会计和管理会计两门，抑或是考查成本管理会计，那么毋庸置疑本书的全部内容都要看。除此之外，由于管理会计与财务管理存在的交叉内容已在财务管理中讲解，故在本书中未做重复讲解，因此还要参考财务管理的部分内容（详细内容见下表）。

如果院校仅考查成本会计或管理会计，就只需要看本书的部分章节啦（具体章节见下表）。

考查科目	复习备考范围
成本管理会计/成本与管理会计	《MPAcc、MAud复试真题超精解——成本管理会计》全书
	参考书目中的货币时间价值、现金流计算:《MPAcc、MAud复试真题超精解——财务管理》第2章第1节
	参考书目中的长期投资决策:《MPAcc、MAud复试真题超精解——财务管理》第5章
	参考书目中的存货规划、管理:《MPAcc、MAud复试真题超精解——财务管理》第8章第1节存货管理
成本会计/成本会计学	《MPAcc、MAud复试真题超精解——成本管理会计》第1、2、7、8章
管理会计/管理会计学	《MPAcc、MAud复试真题超精解——成本管理会计》第1章、第3~10章
	参考书目中包括货币时间价值、现金流计算:《MPAcc、MAud复试真题超精解——财务管理》第2章第1节
	参考书目中包括长期投资决策:《MPAcc、MAud复试真题超精解——财务管理》第5章
	参考书目中包括存货规划、管理:《MPAcc、MAud复试真题超精解——财务管理》第8章第1节存货管理

需要注意的是,部分院校虽然给的是财务管理科目的参考教材,但该教材实际上也包含了成本管理会计的内容,需根据下表确定实际备考范围。

若参考教材仅年份或版次与表中列示的不同,那么复习备考范围基本与表格列示的一致。

参考教材	复习备考范围
中国注册会计师协会.注册会计师全国统一考试辅导教材——财务成本管理[M].北京:中国财政经济出版社,2023.	《MPAcc、MAud复试真题超精解——财务管理》全书、《MPAcc、MAud复试真题超精解——成本管理会计》全书
财政部会计资格评价中心.财务管理[M].北京:经济科学出版社,2023.	《MPAcc、MAud复试真题超精解——财务管理》全书、《MPAcc、MAud复试真题超精解——成本管理会计》第4章、第6章~第8章、第9第1~2节、第10章第2节

第一篇 总论篇

第一章 总论 /3
    第一节 成本管理会计的发展、职能与任务 /3
    第二节 成本的概念和分类 /10
    真题精练 /12

第二篇 成本核算篇

第二章 产品成本计算 /17
    第一节 产品成本的归集和分配 /18
    第二节 产品成本计算的基本方法 /49
    第三节 产品成本计算的辅助方法 /66
    真题精练 /67

第三篇 规划与决策篇

第三章 成本性态与变动成本法 /81
    第一节 成本性态分析 /81
    第二节 变动成本法与完全成本法 /88
    真题精练 /95

第四章 本量利分析 /99
    第一节 本量利分析的基本原理 /99
    第二节 敏感性分析 /107
    真题精练 /110

第五章 短期经营决策 /116
    第一节 短期经营决策概述 /116
    第二节 生产决策 /118
    第三节 定价决策 /129
    真题精练 /132

第六章 全面预算管理 /134
    第一节 全面预算概述 /134
    第二节 运营（经营）预算的编制 /137
    第三节 全面预算的编制方法 /139
    真题精练 /142

第四篇 控制与业绩评价篇

第七章 作业成本计算 /147
  第一节 作业成本的概念 /147
  第二节 作业成本计算 /150
  第三节 作业成本管理 /156
  第四节 作业成本法的评价 /158
  真题精练 /159

第八章 标准成本计算 /161
  第一节 标准成本的概念 /161
  第二节 标准成本的差异分析 /164
  真题精练 /171

第九章 责任会计 /173
  第一节 责任会计概述 /173
  第二节 成本中心 /174
  第三节 利润中心 /177
  第四节 投资中心 /178
  真题精练 /180

第十章 业绩评价 /182
  第一节 财务业绩评价与非财务业绩评价 /182
  第二节 基于EVA的业绩考核 /183
  第三节 平衡计分卡 /185
  真题精练 /187

第一篇 总论篇

考情点拨

大白话解释本章内容
本章我们开启了会计领域的另一篇章——成本会计和管理会计，既然是新内容，同学们不免有疑惑：成本会计是干什么的？管理会计又是干什么的？他们和我们的老熟人财务会计的区别是什么呢？ 　　别急，这就是本章要为大家解决的问题。本章内容比较简单，主要讲的是成本会计和管理会计的发展、职能与任务、成本的概念和分类。
本章难度 ★ **本章重要程度** ★★★
本章复习策略
本章考试的题型以名词解释和简答为主，难度较低，但考频较高，属于性价比超级高的章节。本章高频考点包括：成本会计和管理会计的职能；管理会计与财务会计之间的区别和联系；成本的分类。 　　本章是从总体上讲成本会计和管理会计的职能，初学可能会对个别职能的具体内容存在疑惑，但是不要着急，我们会在后续的章节中展开讲这些职能的具体内容。建议大家在学完全书后，再复习一遍本章内容，就能对整本书的知识网络有个清晰的认识。

考点精讲

第一节　成本管理会计的发展、职能与任务

◆考点 1·成本会计的定义、发展

　　成本会计(cost accounting)的概念，有广义与狭义之分。**狭义**的成本会计是指对成本核算资料进行归集、记录、汇总、分配，最终确定产品(劳务)的**总成本**和**单位成本**。**广义**的成本会计除了产品成本核算外，还包括**成本预测**、**决策**、**计划**、**控制和考评**等方面的内容。现代成本

会计采用的是广义的成本会计概念。

成本会计是随着经济社会的发展和管理水平的提高,而逐步形成并不断发展的理论与方法体系。

1. 成本会计的演进发展

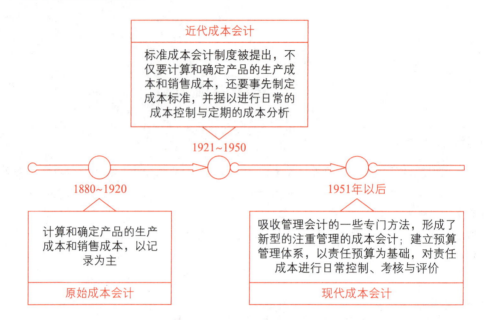

2. 成本会计与财务会计、管理会计的关系

现代企业会计通常分为财务会计、成本会计和管理会计三部分。三者存在密切的内在联系。财务会计中关于资产的计价及其价值耗费的核算是成本核算的基础;反过来,财务会计也要依据成本会计所提供的有关成本费用信息进行存货等资产的计价和利润的计算确定。管理会计是在成本会计的基础上产生和发展起来的,它的诸多方面都与成本有关,成本会计所提供的信息是管理会计所需资料的重要来源。

早期,成本会计主要服务于对外报告所需的销货成本和存货成本等信息,因此主要隶属于财务会计体系。近年来,随着竞争的加剧和企业管理水平的提升,企业内部管理对成本信息的要求越来越高,成本会计越来越多地服务于企业内部管理。因此,成本会计成为既为财务会计服务又为管理会计服务的一个相对独立的学科。而且,由于内部管理的迫切需要,为管理会计服务的成本会计理论和方法获得长足发展,管理会计越来越依赖于丰富、准确的成本信息,因此有人将这部分成本会计的内容与管理会计合称为成本管理会计。

现代成本会计是会计的总体框架下的一部分相对独立的内容,既服务于财务会计又服务于管理会计,而且有越来越偏重于管理会计的趋势。

◆考点2·成本会计的职能、任务和对象

1. 成本会计的职能

成本会计的职能,是指成本会计在经济管理中的功能。

职能	含义
成本核算	是成本会计的首要职能，将企业在生产经营过程中发生的各种耗费按照一定的对象和标准进行归集和分配，以计算各成本计算对象的总成本和单位成本。成本核算是成本会计工作最基本、最核心的内容
成本预测	根据有关资料和数据，结合企业未来发展前景和趋势，运用一定的科学方法，对未来一定时期成本水平及其变化趋势做出科学的估计
成本决策	在成本预测的基础上，依据掌握的各种数据资料，对各种备选方案进行分析比较，从中选出最佳方案的过程 企业成本决策主要有亏损产品是否停产、零部件自制还是外购、自制半成品出售还是进一步加工等
成本计划	根据成本决策所确定的目标，以货币形式规定企业在计划期内完成生产任务所需的产品生产费用额，确定各种产品的成本水平以及相应的成本降低任务和为此采取的主要措施的书面方案
成本控制	企业在生产经营过程中，按照既定的成本计划标准，对成本的发生和形成过程以及影响成本的各种因素进行限制和调节，纠正偏差，控制超支成本，把实际耗费控制在成本计划范围内 成本控制分为事前控制、事中控制和事后控制三个阶段。现代成本管理会计的重点已转移到事前控制
成本分析	利用成本核算及其他有关资料，运用一定的方法，与目标成本、上年实际成本、责任成本、国内外同类产品成本进行比较，分析产品成本水平变动的各种因素及其变化对产品成本的影响程度
成本考核	定期通过成本指标的对比分析，对目标成本的实现情况和成本计划指标的完成结果进行的全面审核、评价

【注意】为什么说成本预测是成本管理的重要环节？

成本预测是根据市场预测，对企业的变动成本和固定成本加以分析预测。成本预测使企业不仅仅停留在成本计算和事后的成本分析上，而是更着眼于未来，在事前进行成本预测，规划好计划期间的耗费，并据以制定目标成本，然后对各个经营管理单位负责的成本指标加以控制和调节，并引导全体职工去实现这个目标。从这个角度说，成本预测有利于提高经营管理水平、降低产品成本、增加经济效益，是成本管理的重要环节。

【例题1·单选题·长沙理工2018】在成本管理会计的各种职能中，（　　）是基础。
A. 成本预测　　　B. 成本控制　　　C. 成本核算　　　D. 成本考核
【解析】成本核算是成本会计工作最基本、最核心的内容，它所提供的资料可以反映成本计划的完成情况，是进行存货计价、确定利润、制定产品价格的依据。
【答案】C

【例题2·单选题·长沙理工2018】与传统成本管理会计相比,现代成本管理会计的重点已转移到( )。

A. 事中控制 B. 事后计算
C. 事后分析 D. 事前规划

【解析】与传统成本管理会计相比,现代成本管理会计的重点已转移到事前控制。

【答案】D

2. 成本会计的任务

成本会计的任务是成本会计**职能的具体化**,也是人们期望成本会计应达到的目的和对成本会计的要求。具体来说,成本会计的任务主要有以下几个方面:

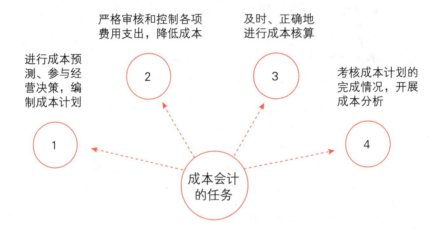

3. 成本会计的对象

(1)基本含义

成本会计对象是指成本会计反映和监督的内容。

(2)狭义含义

企业成本会计的对象是指企业生产经营过程中发生的<u>生产经营业务成本</u>和<u>期间费用</u>。

(3)广义含义

成本会计对象包括企业的<u>财务成本</u>(按照现行会计制度的规定所计算的成本)和<u>管理成本</u>(为企业内部经营管理的需要所计算的成本)。

◆考点3·管理会计的定义

管理会计(managerial accounting)是以<u>使用价值管理</u>为基础的价值管理活动,它运用一系列专门的方式方法,通过确认、计量、归集、分析、编制与解释、传递等一系列工作,为预测、规划、决策、控制和评价提供信息,并参与企业经营管理。

要点	内容
属性	管理会计是以价值的最大增值为最终目的的会计信息系统
范围	管理会计主要为企业(或行政事业单位)管理当局的管理目标服务，同时也为股东、债权人、政府等服务
对象	管理会计是一项价值管理活动，体现业务与财务融合的管理要求
方法	管理会计运用一系列专门方法，通过确认、计量、估值等工作，为预算、过程控制、报告和考核提供信息，并参与企业经营管理

◆ 考点 4 · 管理会计的职能

管理会计的职能：
- 参与经济决策：计算长短期决策方案的评价指标，筛选出最优方案
- 规划经营目标：将确定的目标分解落实到预算中去，为控制和责任考核创造条件
- 控制经济过程：事前控制与事中控制相结合
- 考核评价经营业绩：考核责任指标的执行情况，为工作改进措施提供依据
- 预测经济前景：预测未来的销售、利润、成本及资金水平

【例题 3 · 多选题 · 武汉纺织大学 2023】下列各项中，属于管理会计职能的有(　　)。
A. 预测经济前景
B. 参与经济决策
C. 规划经营目标
D. 控制经济过程
E. 考核评价经营业绩
【答案】ABCDE

◆ 考点 5 · 管理会计的目标

管理会计的最终目标是实现价值的最大增值,并完成以下两个分目标。

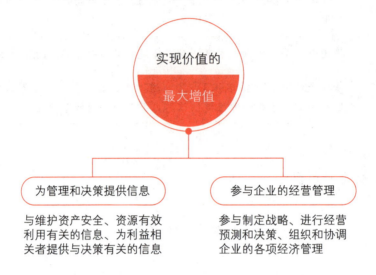

为管理和决策提供信息：与维护资产安全、资源有效利用有关的信息、为利益相关者提供与决策有关的信息

参与企业的经营管理：参与制定战略、进行经营预测和决策、组织和协调企业的各项经济管理

◆ 考点 6 · 管理会计、财务会计、财务管理的区别和联系（简答题高频考点）

1. 区别

要点	管理会计	财务管理	财务会计
职能不同	侧重于对未来的预测、决策和规划,对现在的控制、考核和评价,属于经营管理型会计	侧重于对资金运动的预测、决策、控制、考核和评价	侧重于核算和监督,属于报账型会计
服务对象不同	主要向企业内部各管理层提供决策所需信息		主要向企业外部各利益相关者提供信息（股东、债权人、税务机关等）
约束条件不同	不受会计准则的制约,根据企业管理的实际情况和需要确定,具有很大灵活性		必须受到会计准则的制约,灵活性较小
报告期间不同	报告的编制不受固定会计期间的限制,而是根据管理需要编制反映不同期间经济活动的各种报告		应按规定的会计期间（月、季、年）编制报告
主体不同	主体多层次（集团公司、子公司、分公司、车间、班组）多维度（职能部门、责任单位）	主体既可以是企业,也可以是企业内部的部门或单位	以企业作为主体提供会计信息,即主体唯一

续表

要点	管理会计	财务管理	财务会计
计算方法不同	在进行预测、决策时,要大量应用现代数学方法(微积分、线性规划、概率论)和计算技术		多采用一般的数学方法(加、减、乘、除)进行会计核算
计量尺度不同	主要使用货币量度,也大量采用非货币量度(实物量度、劳动量度、关系量度)	几乎全部使用货币量度	

2. 联系

起源相同	均在传统会计中孕育、发展和分离出来
目标相同	最终目标都是使企业获得最大利润,实现价值的最大增值
基本信息同源	管理会计和财务管理的基本信息大多来源于财务会计,有的是财务会计资料的直接使用,有的则是财务会计资料的调整和延伸
服务对象交叉	在许多情况下,财务管理和管理会计的信息可以为外部利益集团所利用,而财务会计信息对企业内部决策至关重要
某些概念相同	管理会计和财务管理使用的某些概念,如成本、收益、利润等,与财务会计完全相同,有些概念则是由财务会计的概念引申出来的,如资本成本、边际成本、边际贡献、机会成本

【例题4·多选题·人大2016】管理会计和财务会计的主要差别体现在(　　)。

A. 资料来源不一样

B. 管理会计侧重于为企业内部的经营管理服务

C. 管理会计必须提供定期的财务报告

D. 管理会计无须遵循公认会计准则

E. 管理会计必须面向未来

【解析】管理会计和财务会计资料来源一致,选项A错误;管理会计主要为企业内部管理人员的计划、控制、决策等管理活动提供信息服务,侧重于企业内部,而财务会计主要向企业外部各利益相关者提供信息,是对外报告会计,选项B正确;财务会计需要定期提供财务报告,管理会计则不需要,选项C错误;管理会计是针对企业内部的,不需要遵守各种公认准则,且管理会计是面向未来的,财务会计是记录过去发生的经济业务,选项D、E正确。

【答案】BDE

第二节 成本的概念和分类

◆考点7·成本的概念、分类及作用

1. 成本概念

(1)广义成本和狭义成本

类别	含义
广义成本	泛指为达到一定目的而发生的资源耗费,甚至包括投资活动
狭义成本	专指对象化的耗费,也就是分配到成本计算对象上的耗费

本书涉及的范围除产品成本外,还包括期间费用,但<u>不涵盖投资活动</u>。因此,本书所讲述的成本介于狭义成本和广义成本之间。

(2)理论成本和实际成本

类别	含义
理论成本	在生产经营过程中所耗费的生产资料转移的价值和劳动者为自己劳动所创造的价值的货币表现,是企业在生产经营中所发生的全部耗费
实际成本	实际工作中的成本除理论成本外,还包括不形成产品价值的损失性支出,如废品损失、季节性和大修理期间的停工损失。企业要根据成本核算制度决定是将全部耗费确定为产品成本,还是按一定标准,部分计入产品成本,部分计入期间费用

2. 成本的分类

(1)基于财务报告目的的分类(满足对外财务报告的需要)

分类标准	分类	含义
经济用途	制造成本	包括直接材料成本、直接人工成本、制造费用: ①直接材料成本是指能够直接追溯到每个产品,并构成产品实体的材料成本; ②直接人工成本是指能够直接追溯到每个产品上的人工成本,包括直接参与生产产品的员工的工资、福利; ③制造费用是指为制造产品或提供劳务而发生的各项间接费用,包括间接材料(各种工具、物料)、间接人工(设备养护、维修人员的工资)和其他制造费用
	非制造成本	包括销售费用、管理费用和财务费用,它们的共同特征是可以使企业整体受益,但难以描述这些费用与特定产品之间的关系

续表

分类标准	分类	含义
成本与收入相配合的时间	生产成本	与产品生产直接相关，包括直接材料成本、直接人工成本、制造费用
	期间费用	与一定会计期间相关，包括销售费用、管理费用和财务费用
特定成本与计算对象的关系	直接成本	在发生时即可确认直接计入某一成本计算对象的费用，是一种可追溯的成本
	间接成本	在发生时不能确认直接计入某一成本计算对象而需要按照某种标准在各成本计算对象之间分配的费用

(2) 基于管理目的的分类

分类标准	分类	含义
成本性态	变动成本	在一定的期间和一定业务量范围内其总额随着业务量的变动而呈正比例变动的成本
	固定成本	在一定的期间和一定业务量范围内不受业务量的变动影响而保持不变的成本
	混合成本	成本总额虽受业务量的影响，但不存在严格的比例关系
成本可控性	可控成本	指在特定时期内、特定责任中心能够直接控制其发生的成本
	不可控成本	指在特定时期内、特定责任中心不能直接控制其发生的成本
按管理需要	机会成本	实行本方案的一种代价，即失去所放弃方案的潜在收益
	差量成本	企业在进行经营决策时，根据不同备选方案计算出来的成本差异
	边际成本	产量每增加或减少1个单位所引起的成本变动数额
	付现成本	现在或将来的决策能够改变其支出数额的成本
	沉没成本	过去已经发生并无法由现在或将来的任何决策所改变的成本
	专属成本	可以明确归属于企业生产的某种产品或企业设置的某部门发生的固定成本
	联合成本	为多种产品生产或为多个部门的设置而发生的，应由这些产品和部门共同负担的成本
	相关成本	对决策有影响的各种形式的成本，如机会成本、边际成本、专属成本等
	非相关成本	对决策没有影响的成本，如沉没成本、联合成本等

上表中，成本按照是否可控的分类对评价责任中心的工作非常重要。

可控成本总是针对特定责任中心来说的。一项成本，对某个责任中心来说是可控的，对另外的责任中心来说则是不可控的。例如，材料购买价格对采购部门来说是可控成本，但对生产部门和销售部门来说则属于不可控成本；有些成本，对于下级单位来说是不可控的，而对于上级单位来说则是可控的。例如，车间主任不能控制自己的工资，而他的上级则可以控制。

3. 成本的作用

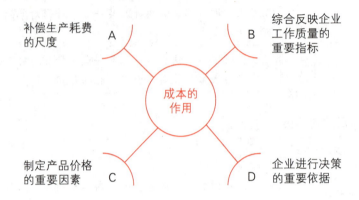

真题精练

一、单项选择题

（中央财经大学 2016）将成本划分为变动成本和固定成本的分类标志是（　　）。
  A. 成本项目   B. 成本习性   C. 成本对象   D. 经济内容

二、多项选择题

1.（山西财经大学 2020、华北电力大学 2020）下列各项中，属于制造业企业设置的成本项目有（　　）。
  A. 制造费用   B. 废品损失   C. 直接材料   D. 直接人工

2. 下列各项中，企业应通过"制造费用"科目核算的有（　　）。
  A. 生产车间管理用所耗电费   B. 生产车间生产工人工资
  C. 生产车间管理用具摊销额   D. 生产车间管理用房屋折旧费

三、名词解释

1.（中南林业科技 2021）管理会计

2.（新疆财经 2022）直接成本

3.（广西财经学院 2020）相关成本

4.（广西财经学院 2020）无关成本

5.（广东工业 2023、延安大学 2023、浙江大学 2020、广东技术师范 2020、桂林电子科技 2018、石河子大学 2018、财科所 2018、华中科技 2014）沉没成本

6.（华侨大学 2023&2018&2017、新疆财经 2022、上海大学 2022、浙江大学 2020、广东技术

师范 2020、石河子大学 2018、中国石油(北京)2014)机会成本
7. (东北师范大学 2018)沉没成本
8. (东北师范大学 2018)付现成本

四、简答题

1. (中南大学 2014)简述成本会计的主要内容。
2. (青岛理工大学 2020、中南财经 2021)简述成本会计的职能。
3. (武汉科技大学 2020)成本会计的职能和对象分别是什么?
4. (武汉科技大学 2020)简述成本会计的主要任务。
5. (西安工程大学 2023)简述成本会计的意义。
6. (桂林电子科技 2020)如何理解管理会计?
7. (三峡大学 2019)谈谈你对管理会计的基本认识。
8. (沈阳工业 2021、华侨大学 2017)简述管理会计的特点。
9. (集美大学 2023、东北师范 2019)简述管理会计的职能。
10. (辽宁工程技术 2022、天津工业 2022)你认为管理会计的目标是什么?
11. (郑州轻工业 2022、湖北经济学院 2020、湖南科技 2020)简述成本会计和管理会计的区别。
12. (西京学院 2022)财务会计和成本会计有什么区别?
13. (南京师范 2023、甘肃政法 2023、北京工业 2022、辽宁工程技术 2022、成都理工 2022、新疆农业 2022、天津大学 2021、北京化工 2021、新疆农业 2020、广州大学 2017、江西理工 2018、广东工业 2017、华南理工 2018、东北师范 2015&2016、沈阳工业 2018、西安石油 2017、中南大学 2011、江西理工 2018、南京信息工程 2018、湖北民族 2020、天津财经 2020、青岛理工 2020、湖南农业 2020)简述财务会计与管理会计的区别与联系。
14. (广东金融学院 2023)谈谈管理会计与财务会计的联系。
15. (沈阳工业 2018)什么是管理会计?简述其与财务会计的区别。
16. (西安工程 2023、上海大学 2023、武汉科技 2023、武汉纺织 2023、湖北经济学院 2023、成都理工 2022、天津财经 2022、上海大学 2022、沈阳工业 2022、绍兴文理学院 2021、陕西理工 2021、齐齐哈尔大学 2021、沈阳工业 2021、杭州电子科技 2021、长江大学 2021、上海财经 2021、黑龙江八一农垦 2019、东北师范 2017)简述财务会计和管理会计的区别。
17. (桂林电子科技 2020)简述管理会计和财务会计的区别,并谈谈你对财务会计的理解。
18. (天津财经 2021)财务会计和管理会计的计量尺度有什么不同?
19. (天津财经 2021)管理会计和财务会计的服务对象有什么不同?
20. (天津财经 2021)请说明财务会计和管理会计提供的信息精度有何不同并解释原因。
21. (江西师范 2022、北京化工 2022)谈谈财务会计和管理会计在实际中的结合应用。
22. (成都理工 2021)简述管理会计和财务管理的区别。
23. (中国矿业大学(北京)2023)财务管理和管理会计这两门学科有什么联系?
24. (延安大学 2021)简述财务会计、财务管理、管理会计的联系和区别。
25. (成都理工 2023)简述财务会计、管理会计、财务管理之间的区别与联系。
26. (新疆大学 2022)简述财务管理、管理会计、成本会计各自的侧重点。

27. (东北师范 2020)成本在生产管理中有什么作用?
28. (桂林理工 2023)简述理论成本与实际成本的区别。
29. (北京工商 2018)简述成本的分类方式和目的。
30. (新疆农业 2020)简述成本的定义和分类。
31. (西安石油 2020)简述成本费用的分类。
32. (浙江工商 2020)工业企业的成本按经济用途可以划分为哪些类型?请举例说明具体的费用项目和分类意义。
33. (长沙理工 2021、华侨大学 2018)简述管理会计中成本的分类方法及目的。
34. (深圳大学 2020)制造成本主要有哪几类?
35. (天津财经 2017)机会成本是什么?其意义是什么?
36. (天津大学 2020)简述机会成本和固定成本的区别。
37. (中国地质大学(武汉)2020)请你解释一下什么是边际成本?
38. (南京大学 2018)简述变动成本、固定成本、机会成本、沉没成本的含义及这些成本之间的关系。

第二篇

成本核算篇

02 第二章 产品成本计算

考情点拨

大白话解释本章内容

如果你有一家蛋糕店，你怎么给一块黑森林蛋糕定价呢？答案是先看看成本。一块黑森林蛋糕成本分为两部分。一部分是直接的，比如用了多少面粉、鸡蛋、巧克力，以及做蛋糕的小姐姐花了多长时间，需要付给她多少工资，这些都很容易计算。另一部分是黑森林蛋糕背后的隐藏成本，比如烤箱烤着烤着会变旧，蛋糕店需要交水电费、房租，为了保证蛋糕的口感，甚至还需要一个监工负责品控。这些都是做蛋糕的成本，都需要计入。这时我们就需要找到一个个合适的指标、口径，把这些隐藏成本合理地分摊到每一块蛋糕中去，这就是本章所要解决的核心问题。

本章难度 ★★★
本章重要程度 ★★★

本章复习策略

本章是成本会计的核心内容，各种题型都会考查，极容易考查计算题。大家需要着重理解以下四部分内容：费用分配的统一套路；辅助生产费用分配的各种方法及优缺点；完工产品成本和在产品分配的各种方法及优缺点；产品成本计算的三种基本方法的特点及适用范围。

本章内容较多，但是只要把握住总体计算的思路就能"化繁为简"，注意结合课上的思维导图实现知识点的"串联"。

考点精讲

第一节　产品成本的归集和分配

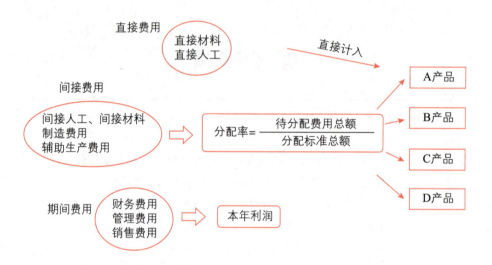

◆ 考点 8·成本核算的要求

1. 在成本核算中要加强对费用的审核与控制

成本核算不仅要对已经发生的各项费用支出进行*事后*的核算，提供事后的成本信息，而且必须以国家有关的法规、制度和企业的成本计划和产品的各项消耗定额等为依据，对各项费用支出进行*事前*和*事中*的审核和控制，并及时进行信息反馈，以保证各项费用支出的真实性、合规性和合理性。

2. 正确划分各种费用界限

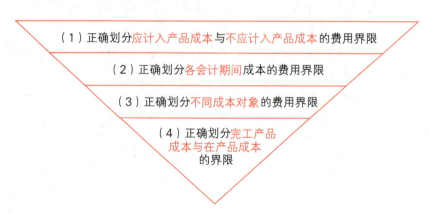

(1)正确划分**应计入产品成本**和**不应计入产品成本**的费用界限

首先只有**生产经营的耗费**才能够计入产品成本;投资活动和筹资活动不属于生产经营活动,其耗费不得计入产品成本。

其次,生产经营活动的成本分成**正常的成本**和**非正常的成本**,只有正常的成本才能计入产品成本,非正常的成本如灾害损失、滞纳金、违约金、罚款等不计入产品成本而计入营业外支出。

最后,正常的生产经营活动成本又分为**产品成本**和**期间成本**,二者的区别如下。

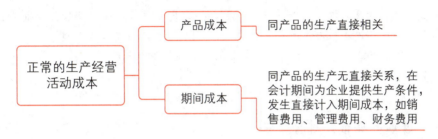

因此,只有企业正常的生产经营成本中同产品生产直接相关的成本才能计入产品成本。

(2)正确划分**各会计期间**成本的费用界限

为正确划分各会计期间的成本界限,要求企业不得提前、也不得延后结账,同时贯彻权责发生制原则,正确计算待摊费用和预提费用。

待摊费用是指本月支付,但受益期限是本月及以后各月,应由本月及以后各月的产品成本或期间费用共同负担的费用。

预提费用是指预先分月计入成本、费用,但由以后月份支付的费用,包括预提借款利息、修理费等。

(3)正确划分**不同成本对象**的费用界限

在生产多种产品的情况下,应将由本期产品负担的生产费用,在各种产品之间正确进行分配。

凡是能分清应由某种产品负担的直接成本,应直接计入该种产品的成本;各种产品共同发生、不易分清应由哪种产品负担的间接费用,则应采用合理的方法,将其分配计入各产品的成本。

(4)正确划分**完工产品与在产品**的费用界限

经过上述步骤,某产品应负担的本月生产费用就全部归集完成,再加上该产品的期初在产品成本,就能得到该产品的全部生产费用。

如果期末既有完工产品又有在产品,应将全部生产费用采用适当的方法在完工产品与在产品之间进行分配,分别计算出完工产品成本和在产品成本。

3. 做好各项成本核算的基础工作

(1)做好各种产品定额的制定和修订。

(2)建立和健全材料物资的计量、收发、领退和盘点制度。

(3)建立和健全原始记录。

(4)做好企业内部计划价格的制定和修订工作。

4. 按照生产特点和管理要求，选择适当的成本计算方法

产品成本是在生产过程中形成的，产品的生产工艺过程和生产组织不同，所以采用的产品成本计算方法也应该有所不同。计算产品成本是为了加强成本管理，因而还应该根据管理要求的不同，采用不同的成本计算方法。

【例题1·单选题·西安石油大学2017】为正确核算产品成本，下列不属于应该正确划分各种费用支出的界限的是(　　)。

A. 收益性支出与资本性支出的界限　　B. 本期完工产品和期末在产品成本的界限
C. 本期已销产品成本和未销产品成本的界限　　D. 各种产品成本费用的界限

【解析】C项属于确认收入时的结转成本要求，和成本核算无关。
【答案】C

◆ 考点9·成本归集和分配的账户

成本计算的过程，实际上也是各项成本的归集和分配的过程。

所谓成本归集就是将成本数据收集和汇总的过程；成本分配是指将归集的间接成本分配给成本计算对象(此处为产品)的过程。

为正确计算产品成本，需要按照用途归集各项成本，因而设置如下账户。

1. 生产成本——基本生产成本

该账户用来归集企业基本生产车间在产品生产过程中发生的各项费用，通过该账户可以计算完工产品和在产品的成本。生产成本T型账户如下。

借	生产成本	贷
期初余额		
增加额（新投入材料、人工等）	减少额（结转完工产品成本）	
期末余额		

生产成本T型账户

企业应当根据生产经营特点和管理要求，按照成本的经济用途和生产要素内容相结合的原则或者成本性态等设置成本项目。制造企业一般可以设置的几个成本项目，如下表所示。

成本项目	含义
直接材料	是指构成产品实体的原材料以及有助于产品形成的主要材料和辅助材料。包括原材料、辅助材料、备品配件、外购半成品、包装物、低值易耗品等费用
燃料及动力	是指直接用于产品生产的外购和自制的燃料和动力
直接人工	是指直接从事产品生产的工人的职工薪酬
制造费用	是指企业为生产产品和提供劳务而发生的各项间接费用

由于生产的特点、各种生产费用支出的比重及成本管理和核算的要求不同，企业可根据具体情况，适当增加一些项目，如"废品损失""停工损失"等成本项目。

2. 生产成本——辅助生产成本

辅助生产是指为基本生产车间、企业行政管理部门等单位服务而进行的产品生产和劳务供应。如冶金企业的炼铁、炼钢、轧钢属于基本生产，供水、供气、供电则属于辅助生产。

该账户用来归集企业辅助生产车间在为基本生产服务而进行的产品生产和劳务供应过程中发生的各项费用。在本账户归集后，月末按照一定分配标准分配给受益对象（基本生产车间、行政管理部门、销售部门等）。

3. 制造费用

制造费用是企业为生产产品和提供劳务而发生的、应计入产品成本但没有专设成本项目的各项间接费用，具体包括生产车间管理人员的薪酬费用、办公费用、差旅费、机器设备机物料费用、车间固定资产的日常修理费用、车间厂房和设备折旧费、生产用低值易耗品的摊销费用、设计制图费和试验检验费用等。

企业通过该账户归集的费用，月末按照一定分配标准分配给基本生产车间和辅助生产车间。制造费用T型账户如下。

制造费用T型账户

制造费用可以使用生产工时、定额工时、机器工时、直接人工等比例进行分配。

【例题2·单选题】下列各项中，企业生产产品耗用的外购半成品费用应归类的成本项目是（　　）。

A. 直接材料　　　　B. 制造费用　　　　C. 燃料及动力　　　　D. 直接人工

【解析】直接材料指构成产品实体的原材料以及有助于产品形成的主要材料和辅助材料。包括原材料、辅助材料、备品配件、外购半成品、包装物、低值易耗品等费用。

【答案】A

【例题3·单选题】下列各项中，应计入产品成本的是（　　）。

A. 专设销售机构固定资产报废净损失　　　　B. 推广新产品发生的广告费
C. 行政管理部门固定资产修理费　　　　D. 基本生产车间固定资产折旧费

【解析】A选项，专设销售机构固定资产报废净损失应计入营业外支出；B选项，推广新产品发生的广告费计入销售费用；C选项，行政管理部门固定资产修理费计入管理费用；D选项,基本生产车间固定资产折旧费先计入制造费用,最后形成产品成本。因此,应选择 D 选项。

【答案】D

◆ 考点 10 · 成本核算的一般程序

1. 根据生产特点和成本管理的要求,<u>确定成本核算对象</u>。

2. <u>确定成本项目</u>。企业计算产品生产成本,一般应当设置"直接材料""燃料及动力""直接人工""制造费用"等成本项目。

3. <u>设置有关成本和费用明细账</u>。如生产成本明细账、制造费用明细账、产成品和自制半成品明细账等。

4. 收集确定各种产品的生产量、入库量、在产品盘存量以及材料、工时、动力消耗等,并对所有已发生生产费用进行审核。

5. 归集所发生的全部生产费用,并按照确定的成本计算对象予以分配,按成本项目计算各种产品的在产品成本、产成品成本和单位成本。

6. 结转产品销售成本。

为了核算产品成本和期间费用,企业可以设置"生产成本""制造费用""主营业务成本""销售费用""管理费用""财务费用""税金及附加"等科目。如需单独核算停工损失和废品损失,还应设置"停工损失""废品损失"科目。

产品成本核算的程序如下图。

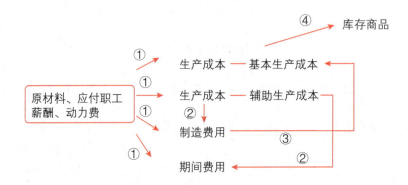

◆ 考点 11 · 基本生产费用的归集和分配

基本生产是指为完成企业主要生产目的而进行的产品生产。为了归集基本生产所发生的各种生产费用,计算基本生产产品成本,<u>应设置"基本生产成本"科目</u>。

1. 原则

企业所发生的生产费用,能确定由某一成本对象负担的,应直接计入产品成本核算对象的<u>生产成本</u>;由几个成本核算对象共同负担的,应当选择合理的分配标准分配计入生产成本。

2. 间接计入费用分配方式

(1) 根据某一标准确定分配率

$$分配率 = \frac{待分配金额}{\sum 各成本对象分配标准}$$

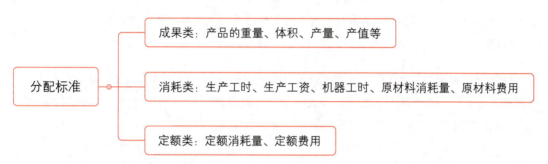

(2) 根据各自标准与分配率得到应该承担的生产费用

A产品应计入成本＝分配率×A的分配标准

B产品应计入成本＝分配率×B的分配标准

C产品应计入成本＝分配率×C的分配标准

3. 基本生产费用分配的会计处理

项目	会计处理方式
材料费用	借：生产成本——基本生产成本——×产品 　　　　　　——辅助生产成本——×车间 　　制造费用——×车间 　　管理费用 　　销售费用 　贷：原材料
职工薪酬	借：生产成本——基本生产成本——×产品 　　　　　　——辅助生产成本——×车间 　　制造费用——×车间 　　管理费用 　　销售费用 　贷：应付职工薪酬 【提示】计件工资制下，生产人员工资费用属于直接费用。间接工资费用分配一般按产品实际生产工时比例分配
制造费用	借：生产成本—基本生产成本 　贷：制造费用

【例题 4 · 单选题 · 川大 2017】 下列各项中,应计入产品成本的是(   )。

A. 固定资产报废净损失
B. 支付的矿产资源补偿费
C. 预计产品质量保证损失
D. 基本生产车间设备计提的折旧费

【解析】 固定资产报废净损失计入营业外支出,矿产资源补偿费计入管理费用(注意,该费用已从 2016 年 7 月 1 日停收,改收资源税),预计质量保证损失计入销售费用,以上费用或损失均不计入产品成本。基本车间的折旧费先计入制造费用,结转后进入产品成本。

【答案】 D

【例题 5 · 单选题】 某制造业企业生产甲、乙两种产品,2020 年 3 月两种产品共同耗用的燃料费用 9 000 元,按定额消耗量比例分配。甲、乙两种产品的定额消耗量分别为 200 千克和 400 千克。2020 年 3 月,甲产品应分配的燃料费用为(   )元。

A. 9 000　　B. 4 500　　C. 3 000　　D. 6 000

【解析】 燃料费用分配率＝燃料消耗总额/各产品定额消耗量之和＝9 000/(200＋400)＝15,所以甲产品应分配的燃料费用＝200×15＝3 000(元),选项 C 正确。

【答案】 C

【例题 6 · 单选题 · 河南财经政法 2011】 下列各项中应计入产品成本的是(   )。

A. 金融手续费
B. 广告费
C. 生产车间人员工资
D. 行政人员差旅费

【解析】 A 项应计入投资收益或金融资产初始投资成本,B 项入销售费用,D 项计入管理费用。

【答案】 C

【例题 7 · 单选题 · 西安石油大学 2017、沈阳化工大学 2020】 某生产车间生产 A 和 B 两种产品,该车间共发生制造费用 200 000 元,生产 A 产品的工时为 4 000 小时,生产 B 产品的工时为 6 000 小时。若按工时比例分配制造费用,A 产品应负担的制造费用为(   )元。

A. 80 000　　B. 120 000　　C. 200 000　　D. 100 000

【解析】 制造费用分配率＝200 000÷(4 000＋6 000)＝20,A 产品应负担的制造费用＝20×4 000＝80 000(元)。

【答案】 A

【例题 8 · 单选题 · 长沙理工 2018】 下列各项目中,应计入"制造费用"账户的是(   )。

A. 生产产品耗用的材料
B. 机器设备的折旧费
C. 生产工人的工资
D. 行政管理人员的工资

【解析】 制造费用是指工业企业为生产产品或提供劳务而发生的、应计入产品成本但没有专设成本项目的各项间接费用。它包括生产车间管理人员的薪酬费用、办公费用、差旅费、机器设备机物料费用、车间固定资产的日常修理费用、车间厂房和设备折旧费、生产用低值易耗品的摊销费用、设计制图费和试验检验费用等。

【答案】 B

【例题9·单选题·西安石油大学2017】生产车间的管理费用可将其纳入（　　）。
A. 管理费用　　　　B. 期间费用　　　　C. 制造费用　　　　D. 当期损益
【解析】发生在生产车间的间接费用计入制造费用。
【答案】C

【例题10·多选题·央财2016】下列项目中，应直接计入某一种产品成本明细账的是（　　）。
A. 直接生产费用
B. 专设成本项目的直接生产费用
C. 间接生产费用
D. 生产工人计件工资
【解析】间接生产费用应该分摊后计入产品成本明细账。
【答案】ABD

【例题11·计算题·天津大学2020】某企业期初无在产品，本月完工甲产品600件，乙产品400件，共耗用直接人工费用12万元、制造费用48万元，采用定额工时比例法分配甲产品和乙产品的直接人工费用和制造费用。甲产品每件定额工时6小时，乙产品每件定额工时3小时。

要求：
(1) 计算甲产品应负担的直接人工费用和制造费用；
(2) 编制甲产品分摊直接人工费用和制造费用的分录。

【答案】(1) 直接人工费用分配率＝12/(600×6＋400×3)＝0.002 5

制造费用分配率＝48/(600×6＋400×3)＝0.01

甲产品应负担的直接人工费用＝600×6×0.002 5＝9(万元)

甲产品应负担的制造费用＝600×6×0.01＝36(万元)

(3) 借：生产成本——基本生产成本——甲产品　　　　　　45
　　　　贷：应付职工薪酬　　　　　　　　　　　　　　　　9
　　　　　　制造费用　　　　　　　　　　　　　　　　　　36

4. 制造费用按年度计划分配率分配法

制造费用不仅可以使用生产工时、生产工资、机器工时进行分配，还可以使用 年度计划分配率。

按年度计划分配率分配是按照 年度开始前确定的全年适用的计划分配率 分配费用的方法。采用这种分配方法，不论各月实际发生的制造费用为多少，每月各种产品成本中制造费用都按年度计划确定的计划分配率分配。年度内如果发现全年制造费用的实际数和产品的实际产量与计划数产生较大的差额，应及时调整计划分配率。其计算公式如下。

$$年度计划分配率＝\frac{年度制造费用计划总额}{年度各种产品计划产量的定额工时总额}$$

某月某产品制造费用＝该月该种产品 实际产量的定额工时数×年度计划分配率

【例题12·计算题·西安石油大学2017、黑龙江八一农垦大学2018&2019】某工业企业只有一个车间,全年制造费用计划为52 800元;全年各种产品的计划产量为:甲产品1 000件,乙产品900件;单件产品的工时定额为:甲产品3小时,乙产品4小时。5月份实际产量为:甲产品200件,乙产品160件;该月实际制造费用为4 000元;"制造费用"科目月初余额为贷方1 000元。

要求:
(1)按各种产品计划产量的定额工时为分配标准,计算制造费用年度计划分配率;
(2)以产品实际产量的定额工时为标准,计算该月应分配转出的制造费用。

【答案】
(1)甲产品年度计划定额工时=1 000×3=3 000(小时)
乙产品年度计划定额工时=900×4=3 600(小时)
制造费用年度计划分配率=52 800÷(3 000+3 600)=8
(2)甲产品该月实际产量的定额工时=200×3=600(小时)
甲产品该月分配的制造费用=8×600=4 800(元)
乙产品该月实际产量的定额工时=160×4=640(小时)
乙产品该月分配的制造费用=8×640=5 120(元)
该月应分配转出的制造费用=4 800+5 120=9 920(元)

◆ 考点12·辅助生产费用的归集和分配

辅助生产是指为基本生产车间、企业行政管理部门等单位服务而进行的产品生产和劳务供应。企业常见的辅助生产车间包括供电车间、机修车间等。

辅助生产费用的分配方法包括直接分配法、顺序分配法、交互分配法、计划成本分配法、代数分配法。

1. 直接分配法

(1)定义

直接分配法是将各辅助生产车间发生的费用,直接分配给辅助生产以外的各受益产品、单位,而<u>不考虑辅助生产车间之间相互提供产品或劳务</u>的一种方法。

(2)具体方式

①计算辅助费用分配率

$$\text{分配率}=\frac{\text{待分配的辅助生产费用}}{\text{辅助车间提供的总劳务(产品)数量}-\text{其他辅助车间耗用的劳务(产品)数量}}$$

②计算各受益产品或部门应承担的费用

某产品(或部门)应承担的辅助生产费用=该产品(或部门)耗用的数量×分配率

(3)优缺点

只对外分配一次,计算工作简便,但在辅助生产车间相互受益程度差异较大时,分配结果往往与实际不符。

(4)适用范围

适用于在辅助生产车间内部相互提供产品或劳务不多、不进行费用的交互分配对辅助生产成本和产品生产成本影响不大的企业。

【例题13·计算题】 某企业设有供电和锅炉两个辅助生产车间,两个车间的辅助生产明细账所归集的费用分别是:供电车间89 000元,锅炉车间21 000元;供电车间为生产甲乙产品、各车间管理部门和企业行政管理部门共提供362 000度电,其中锅炉车间耗电6 000度;锅炉车间为生产甲乙产品、各车间及企业行政管理部门共提供5 370吨热力蒸汽,其中供电车间耗用120吨。

要求:

(1)根据所给资料,采用直接分配法分配辅助生产费用(无须写出计算分配过程),并填制辅助生产费用分配表;

(2)根据分配结果编制有关会计分录。

辅助生产费用分配表(直接分配法)　　　　金额单位:元

借方科目		生产成本—基本生产成本			制造费用（基本生产车间）	管理费用	合计
		甲产品	乙产品	小计			
供电车间	耗用量/度	220 000	130 000	350 000	4 200	1 800	356 000
	分配率						
	金额						
锅炉车间	耗用量/吨	3 000	2 200	5 200	30	20	5 250
	分配率						
	金额						
金额合计							

【解析】

供电车间的分配率 = $\dfrac{89\,000}{362\,000-6\,000}$ = 0.25。

锅炉车间的分配率 = $\dfrac{21\,000}{5\,370-120}$ = 4。

【答案】

(1)

辅助生产费用分配表(直接分配法)　　　　　　　　　金额单位：元

借方科目		生产成本—基本生产成本			制造费用 (基本生产车间)	管理费用	合计
		甲产品	乙产品	小计			
供电车间	耗用量/度	220 000	130 000	350 000	4 200	1 800	356 000
	分配率						0.25
	金额	55 000	32 500	87 500	1 050	450	89 000
锅炉车间	耗用量/吨	3 000	2 200	5 200	30	20	5 250
	分配率						4
	金额	12 000	8 800	20 800	120	80	21 000
金额合计		67 000	41 300	108 300	1 170	530	110 000

(2)

借：生产成本——基本生产成本——甲产品　　　　　　　　　67 000
　　　　　　　　　　　　　　　　——乙产品　　　　　　　　　41 300
　　制造费用—基本生产车间　　　　　　　　　　　　　　　　1 170
　　管理费用　　　　　　　　　　　　　　　　　　　　　　　530
　贷：生产成本——辅助生产成本——供电车间　　　　　　　　89 000
　　　　　　　　　　　　　　　　——锅炉车间　　　　　　　　21 000

2. 交互分配法

(1)定义

交互分配法是指对各辅助生产车间的成本费用进行交互和对外两次分配的一种辅助生产费用的分配方法。

(2)具体方式——两次分配

①计算各辅助生产车间、部门相互提供产品或劳务的分配率。

②计算各辅助生产车间、部门交互分配后的待分配金额。

交互分配后的待分配金额＝交互分配前的费用－交互分配转出的费用＋交互分配转入的费用。

③计算分配给除辅助生产车间以外的生产车间、部门的分配率。

④按分配率计算受益生产车间、部门应承担的费用。

(3)优缺点

进行两次分配，增加了计算量，但提高了分配结果的正确性。

(4)适用范围

各辅助生产车间较多,相互提供劳务量较大的企业。

【例题14·计算题】沿用例13资料,要求:采用交互分配法分配辅助生产费用(无须写出计算分配过程),填制辅助生产费用分配表,并编制有关会计分录。

辅助生产费用分配表(交互分配法)　　　　金额单位:元

项目		供电车间			锅炉车间			合计
		耗用量	分配率	分配金额	耗用量	分配率	分配金额	
交互分配费用								
交互分配	辅助生产—供电							
	辅助生产—锅炉							
对外分配辅助生产费用								
对外分配	基本生产—甲产品							
	基本生产—乙产品							
	制造费用							
	管理费用							
	合计							

【解析】

供电车间交互分配的单位成本=89 000÷362 000=0.245 9(元/度)。

锅炉车间交互分配的单位成本=21 000÷5 370=3.910 6(元/吨)。

供电车间对外分配生产费用=89 000+120×3.910 6−6 000×0.245 9=87 993.87(元)。

锅炉车间对外分配生产费用=21 000+6 000×0.245 9−120×3.910 6=22 006.13(元)。

供电车间对外分配的单位成本=87 993.87÷356 000=0.247 2(元/度)。

锅炉车间交互分配的单位成本=22 006.13÷5 250=4.191 6(元/吨)。

【答案】

辅助生产费用分配表(交互分配法)　　　　金额单位:元

项目		供电车间			锅炉车间			合计
		耗用量	分配率	分配金额	耗用量	分配率	分配金额	
交互分配费用		362 000	0.245 9	89 000	5 370	3.910 6	21 000	110 000
交互分配	辅助生产—供电			469.27	−120		−469.27	
	辅助生产—锅炉	−6 000		−1 475.4			1 475.4	

续表

项目		供电车间			锅炉车间			合计
		耗用量	分配率	分配金额	耗用量	分配率	分配金额	
对外分配辅助生产费用		356 000	0.247 2	87 993.87	5 250	4.191 6	22 006.13	110 000
对外分配	基本生产—甲产品	220 000		54 384	3 000		12 574.8	66 958.8
	基本生产—乙产品	130 000		32 136	2 200		9 221.52	41 357.52
	制造费用	4 200		1 038.24	30		125.75	1 163.99
	管理费用	1 800		435.63	20		84.06	519.69
	合计	356 000		87 993.87	5 250		22 006.13	110 000

① 交互分配

借：生产成本—辅助生产成本——供电车间　　　　　　　　　　469.27
　　　　　　　　　　　　　　　　——锅炉车间　　　　　　　　1 475.40
　贷：生产成本——辅助生产成本——锅炉车间　　　　　　　　　469.27
　　　　　　　　　　　　　　　　——供电车间　　　　　　　　1 475.40

② 对外分配

借：生产成本——基本生产成本——甲产品　　　　　　　　　　66 958.80
　　　　　　　　　　　　　　——乙产品　　　　　　　　　　41 357.52
　　制造费用——基本车间　　　　　　　　　　　　　　　　　1 163.99
　　管理费用　　　　　　　　　　　　　　　　　　　　　　　519.69
　贷：生产成本——辅助生产成本——供电车间　　　　　　　　87 993.87
　　　　　　　　　　　　　　　——锅炉车间　　　　　　　　22 006.13

3. 顺序分配法（了解即可）

定义	顺序分配法是指按照受益对象的顺序将辅助生产车间依次排列，受益少的排在前面，先将费用分配出去，受益多的排在后面，后将费用分配出去的方法
优缺点	与直接分配法相比，计算工作量增加，准确性也有所提高
适用范围	各辅助车间相互受益程度有明显顺序的企业

【例题15·计算题】某企业有供水、供电两个辅助生产车间，本月供水车间发生费用 27 000 元，供电车间发生费用 36 960 元，各辅助生产车间供应产品或劳务数量详见下表。

要求：采用顺序分配法分配辅助生产费用（无须写出计算分配过程），填制辅助生产费用分配表。

各辅助生产车间供应产品或劳务数量

受益单位		耗水/立方米	耗电/度
基本生产—A 产品			48 000
基本生产车间		24 000	8 000
辅助生产车间	供电	3 000	
	供水		12 000
行政管理部门		2 000	4 000
专设销售机构		1 000	1 600
合计		30 000	73 600

【解析】 供电车间耗用的水费 $= \dfrac{27\,000}{30\,000} \times 3\,000 = 2\,700$（元）。

供水车间耗用的电费 $= \dfrac{36\,960}{73\,600} \times 12\,000 = 6\,026.09$（元）。

所以供电车间耗用的水费较少，而供水车间耗用的电费较多，先分配电费，后分配水费。

电费分配率 $= \dfrac{36\,960}{73\,600} = 0.502\,17$。

水费分配率 $= \dfrac{27\,000 + 6\,026.09}{24\,000 + 2\,000 + 1\,000} = 1.223\,2$。

【答案】

辅助生产费用分配表（顺序分配法） 金额单位：元

项目	分配率	分配额							
		基本生产—A 产品		基本生产车间		行政管理部门		专设销售机构	
		数量	金额	数量	金额	数量	金额	数量	金额
供电车间	0.502 17	48 000	24 104.16	8 000	4 017.36	4 000	2 008.68	1 600	803.71
供水车间	1.223 2	——	——	24 000	29 356.8	2 000	2 446.4	1 000	1 222.89
合计		——	24 104.16		33 374.16		4 455.08		2 026.6

* 数字四舍五入，小数尾差计入销售费用。

4. 代数分配法（了解即可）

定义	代数分配法，是运用代数中多元一次联立方程的原理分配辅助生产费用的一种方法
计算过程	采用这种方法，首先根据各辅助生产车间相互提供劳务的数量，求解联立方程，计算辅助生产车间劳务的单位成本；然后，根据各受益单位（包括辅助生产车间）耗用劳务的数量和单位成本，计算分配辅助生产费用
优缺点	在辅助车间较多的情况下，计算复杂、工作量大，但计算结果最准确
适用范围	计算工作已实现电算化的企业

【例题 16·计算题】长江公司设有供水和运输两个辅助生产车间，20××年6月有关资料见下表。要求：采用代数分配法分配辅助生产费用。

项目		供水车间	运输车间
待分配的辅助生产费用		138 292 元	94 800 元
劳务供应数量		139 200 立方米	100 000 公里
耗用的劳务数量	供水车间		2 000 公里
	运输车间	20 000 立方米	
	基本车间	100 000 立方米	40 000 公里
	企业管理部门	10 000 立方米	10 000 公里
	专设销售机构	9 200 立方米	48 000 公里

【答案】设供水车间的供水单位成本为 x 元，运输车间的运输单位成本为 y 元。根据以上资料可建立以下联立方程，则有

$$\begin{cases} 138\ 292 + 2\ 000y = 139\ 200x \\ 94\ 800 + 20\ 000x = 100\ 000y \end{cases}$$

即 $\begin{cases} x = 1.01 \\ y = 1.15 \end{cases}$

代数分配后供水车间待分配费用 = 139 200 × 1.01 = 140 592（元）
代数分配后运输车间待分配费用 = 100 000 × 1.15 = 115 000（元）
(1) 供水车间辅助生产成本分配：
① 运输车间应负担的水费 = 20 000 × 1.01 = 20 200（元）
② 基本生产车间应负担的水费 = 100 000 × 1.01 = 101 000（元）
③ 行政管理部门应负担的水费 = 10 000 × 1.01 = 10 100（元）
④ 销售部门应负担的水费 = 9 200 × 1.01 = 9 292（元）

(2)运输车间辅助生产成本分配:
①供水车间应负担的运输费＝2 000×1.15＝2 300(元)
②基本生产车间应负担的运输费＝40 000×1.15＝46 000(元)
③行政管理部门应负担的运输费＝10 000×1.15＝11 500(元)
④销售部门应负担的运输费＝48 000×1.15＝55 200(元)

5. 计划成本分配法

定义	先按劳务的计划单位成本分配给各受益单位,再将实际成本与已分配的计划成本间的差异追加分配给除辅助生产车间外的其他受益单位,或简化分配工作全部计入管理费用
优缺点	计划单位成本有现成资料,简化和加速了分配的计算工作,便于考核和分析各受益单位的经济责任,还能反映辅助生产车间产品或劳务的实际成本脱离计划成本的差异
适用范围	计划单位成本能够准确计算的企业

【例题 17·计算题·华北电力大学 2020】正大公司设有运输和供水两个辅助生产车间。辅助生产车间的制造费用通过"制造费用"科目核算。基本生产成本和辅助生产成本明细账均设有"直接材料"、"直接燃料和动力"、"直接人工"和"制造费用"四个成本项目。辅助生产费用按计划成本法进行分配。

(1)2019 年 10 月该企业辅助生产车间账户借方发生额合计如下。

运输车间:"辅助生产成本"15 000 元、"制造费用"5 000 元。

供水车间:"辅助生产成本"8 000 元、"制造费用"2 000 元。

(2)两个辅助生产车间提供产品和劳务的数量及计划单位成本见下表。

项目		供水车间/立方米	运输车间/公里
计划单位成本		1.1元/立方米	1.2元/公里
耗用产品或劳务数量	供水车间		2 000
	运输队	1 000	
	基本生产车间	8 000	10 000
	行政管理部门	1 000	4 000

要求:
(1)请分别按每个车间编制辅助生产费用分配的会计分录;
(2)请编制两个辅助生产车间结转制造费用的会计分录;
(3)请编制结转辅助生产成本差异的会计分录。

【解析】 分录中金额计算过程如下：

① 各受益单位应分配的费用：

供水车间应分配运输费用＝2 000×1.2＝2 400(元)。

运输队应分配水费＝1 000×1.1＝1 100(元)。

基本生产车间应分配水费＝8 000×1.1＝8 800(元)。

基本生产车间应分配运输费＝10 000×1.2＝12 000(元)。

基本生产车间应分配的辅助生产费用合计＝8 800＋12 000＝20 800(元)。

行政管理部门应分配水费＝1 000×1.1＝1 100(元)。

行政管理部门应分配运输费＝4 000×1.2＝4 800(元)。

行政管理部门应分配的辅助生产费用合计＝1 100＋4 800＝5 900(元)。

② 辅助生产实际成本：

供水车间实际成本＝(8 000＋2 000)＋2 400＝12 400(元)。

运输队实际成本＝(15 000＋5 000)＋1 100＝21 100(元)。

③ 辅助生产成本差异：

供水车间成本差异＝12 400－(8 800＋1 100＋1 100)＝1 400(元)。

运输队成本差异＝21 100－(2 400＋12 000＋4 800)＝1 900(元)。

【答案】

(1) 按计划成本分配辅助生产费用

借：制造费用——供水车间	2 400
——运输队	1 100
——基本生产车间	20 800
管理费用	5 900
贷：生产成本——辅助生产成本(供水)	11 000
——辅助生产成本(运输)	19 200

(2) 结转辅助生产车间制造费用

借：生产成本——辅助生产成本(供水)	4 400
——辅助生产成本(运输)	6 100
贷：制造费用——供水车间	4 400
——运输队	6 100

(3) 结转辅助生产成本差异

借：管理费用	3 300
贷：生产成本——辅助生产成本(供水)	1 400
——辅助生产成本(运输)	1 900

【例题 18·多选题·央财 2017】下列辅助生产费用分配方法中,考虑了辅助生产部门之间相互分配费用的情形的有(   )。

A. 直接分配法　　　　B. 顺序分配法　　　　C. 交互分配法
D. 代数分配法　　　　E. 计划成本分配法

【解析】直接分配法是各辅助生产车间发生的费用直接分配给除辅助生产车间以外的各受益产品、单位,而不考虑各辅助生产车间之间相互提供产品或劳务的情况。而顺序分配法是按照受益多少的顺序将辅助生产车间依次排列,受益少的排在前面,先将费用分配出去,受益多的排在后面,后将费用分配出去,后分配的没有分配给排在前面的辅助生产车间。

【答案】CDE

◆考点 13·废品损失和停工损失的核算

1. 废品损失的归集和分配

废品损失是指生产过程中发生的、入库后发现的不可修复废品的生产成本,以及可修复废品的修复费用,扣除回收的废品残料价值和应收赔款以后的损失。

废品按照报损程度和修复价值,可分为可修复废品和不可修复废品。可修复废品是指技术上、工艺上可修复,而且所支付的修复费用在经济上合算的废品。不可修复废品是指技术上、工艺上不可修复,或者虽可修复,但所支付的修复费用在经济上不合算的废品。

【注意】
①经质量检验部门鉴定不需要返修可以降价出售的不合格品,其降价损失不作为废品损失,而在计算损益时体现。
②产品入库后由于保管不善等原因而损坏变质的损失,属于管理上的问题,计入管理费用。
③实行包退、包修、包换的企业,在产品出售以后,由于发现废品而发生的一切损失,计入销售费用。

(1)不可修复废品损失的归集和分配

事项	具体内容
核算原则	先将不可修复废品的成本扣除废品残值和应收赔款,然后分配给合格产品
分配方法	①按废品所耗实际费用计算的方法 ②按废品所耗定额费用计算的方法

续表

事项	具体内容
会计处理	①结转废品成本 借：废品损失——×产品 　　贷：基本生产成本——×产品——直接材料 　　　　　　　　　　　　　　——直接燃料和动力 　　　　　　　　　　　　　　——直接人工 　　　　　　　　　　　　　　——制造费用 ②回收废品残料入库价值 借：原材料 　　贷：废品损失——×产品 ③废品损失转入该种合格产品成本 借：基本生产成本——×产品——废品损失 　　贷：废品损失——×产品

(2)可修复废品损失的归集和分配

事项	具体内容
核算原则	先将修复过程中发生的各项修复费用扣除回收的废品残料价值和应收赔款以后的余额计入废品损失，然后分配给合格产品。
会计处理	①结转废品损失 借：废品损失——×产品 　　贷：原材料 　　　　应付职工薪酬 　　　　生产成本——辅助生产成本 　　　　制造费用 ②回收废品残料价值 借：原材料 　　其他应收款 　　贷：废品损失——×产品 ③废品损失转入产品成本 借：基本生产成本——×产品 　　贷：废品损失——×产品

【注意】不单独核算废品损失的企业，不设置"废品损失"会计科目和成本项目，直接计入生产成本。

【例题19·判断题·川大2017】不单独核算废品损失的企业，相应的费用直接反映在"制造费用"和"营业外支出"科目中。（　　）

【解析】废品损失也可不单独核算，相应费用等体现在"基本生产成本""原材料"等科目中。
【答案】×

【例题20·计算题·长春理工大学2020】某企业基本生产车间本月生产乙产品300件，完工验收入库时发现废品5件；合格品生产工时7 900小时，废品工时100小时。乙产品生产成本明细账所记合格品和废品的全部生产费用为：直接材料120 000元，直接燃料和动力24 000元，直接人工128 000元，制造费用80 000元。原材料生产开始时一次投入。废品残料入库，作价100元。

要求：根据以上资料，编制有关废品损失的会计分录（"基本生产成本""废品损失"科目列示明细科目）。

【解析】分录中相关金额计算过程如下。

项目	数量/件	直接材料/元	生产工时/小时	直接燃料和动力/元	直接人工/元	制造费用/元	成本合计/元
合格品和废品生产费用	300	120 000	8 000	24 000	128 000	80 000	—
费用分配率	—	400	—	3	16	10	—
废品生产成本	5	2 000	100	300	1 600	1 000	4 900
减：废品残料	—	100	—	—	—	—	—
废品损失	—	1 900	—	300	1 600	1 000	4 800

【答案】
借：废品损失——乙产品　　　　　　　　　　　　　　　　　　　　　　4 900
　　贷：生产成本——基本生产成本——乙产品（直接材料）　　　　　　2 000
　　　　　　　　　　　　　　　　　——乙产品（直接燃料和动力）　　　300
　　　　　　　　　　　　　　　　　——乙产品（直接人工）　　　　　1 600
　　　　　　　　　　　　　　　　　——乙产品（制造费用）　　　　　1 000
借：原材料　　　　　　　　　　　　　　　　　　　　　　　　　　　　　100
　　贷：废品损失——乙产品　　　　　　　　　　　　　　　　　　　　　100
借：生产成本——基本生产成本——乙产品（废品损失）　　　　　　　　4 800
　　贷：废品损失——乙产品　　　　　　　　　　　　　　　　　　　　4 800

2. 停工损失的归集和分配

事项	具体内容
含义	停工损失是指生产车间或车间内某个班组在停工期内发生的各项费用，包括停工期内支付的生产工人的薪资费用、所耗直接燃料和动力费，以及应负担的制造费用等。过失单位、过失人员或保险公司负担的赔款，应从停工损失中扣除
会计处理	①归集停工损失 借：停工损失 　　贷：原材料 　　　　应付职工薪酬 　　　　制造费用 ②分配停工损失 借：其他应收款（过失单位或人员的赔偿款） 　　营业外支出（自然灾害部分） 　　生产成本——基本生产成本（季节性停工、修理期间的停工） 　　贷：停工损失

【注意】不单独核算停工损失的企业，不设"停工损失"会计科目和"停工损失"成本项目。停工期间发生的属于停工损失的各项费用，分别计入"**制造费用**"和"**营业外支出**"。

◆考点14·完工产品和在产品的成本分配

通过上述各项费用的归集和分配，基本生产车间在生产过程中发生的各项费用，已经集中反映在"基本生产成本"账户及其明细账中。这些费用都是本月发生的产品成本。

1. 分配原理

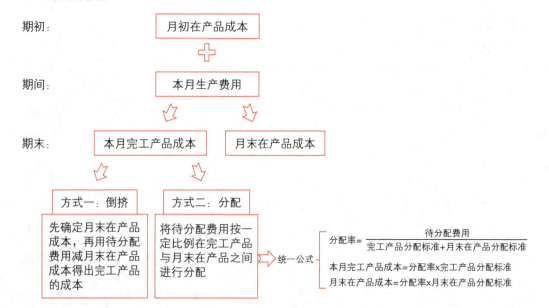

2. 在产品的含义

在产品	角度	范围
广义在产品	整个企业	没有完成全部生产过程、不能作为商品销售的产品
狭义在产品	某一生产步骤、某一生产车间	尚在本步骤、本车间加工中的那部分在产品

【注意】除平行结转分步法中的在产品指的是广义在产品外,其他方法提到的在产品都是狭义在产品。

3. 分配方法(6种)

方法	具体分配方式	适用范围
不计算在产品成本法	由于不计算在产品成本,所以期初在产品成本和月末在产品成本均为0,则本月完工产品成本就是本月发生的生产费用之和(倒挤)	月末在产品数量很少
在产品成本按年初固定数计算法	由于在产品成本按年初固定数计算,所以月初在产品成本与月末在产品成本相等,等式两边同时抵消,本月完工产品成本就是本月发生的生产费用之和(倒挤)	月末在产品数量很少或者在产品数量虽大但各月之间在产品数量变动不大,月初、月末在产品成本的差额对完工产品成本影响不大
在产品成本按其所耗用的原材料费用计算法	月末在产品只计算应负担的原材料费用,其他费用则全由完工产品负担(倒挤)	原材料费用在产品成本中所占比重较大,而且原材料在生产开始时一次全部投入
约当产量法(常考)	①计算在产品约当产量,约当产量是指在产品按其完工程度约等于完工产品的数量; ②根据在产品约当产量和完工产品数量计算出分配率; ③计算在产品应负担成本和完工产品应负担成本(分配)	各月末在产品数量变化较大,产品成本中原材料费用和工资等其他费用比重相差不多的产品
在产品成本按定额成本计算法	①计算月末在产品成本: 月末在产品成本＝月末在产品单位定额成本×月末在产品数量 ②计算产成品成本: 产成品成本＝(月初在产品成本＋本月生产费用)－月末在产品成本(倒挤)	在产品数量稳定或者数量较少,并制定了比较准确的定额成本的情况

续表

方法	具体分配方式	适用范围
定额比例法	①按定额成本计算费用分配率： 费用分配率＝(月初在产品成本＋本月生产费用)/(完工产品定额成本＋月末在产品定额成本) ②计算完工产品和月末在产品成本： 完工产品成本＝完工产品定额成本×费用分配率 月末在产品成本＝月末在产品定额成本×费用分配率(分配)	各月末在产品数量变化较大，有较为准确的消耗定额资料

【总结】完工产品和在产品成本分配方法的划分依据

完工产品与在产品成本分配方法	在产品特点	各成本项目占比	定额情况
不计算在产品成本法	数量少	——	——
在产品成本按年初固定数计算法	数量少或数量虽大但变动不大	——	——
在产品成本按其所耗用的原材料费用计算法	——原材料费用占比较大	——	
约当产量法	变化较大	各成本项目占比相关不多	——
在产品成本按定额成本计算法	稳定或较少	——	制定了比较准确的定额资料
定额比例法	变化较大	——	制定了比较准确的定额资料

【例题21·单选题·北国会2015】下列各项中，不属于生产费用在完工产品与在产品之间分配的方法的是(　　)。

　　A. 直接分配法　　　　　　　　B. 约当产量比例法
　　C. 不计算在产品成本法　　　　D. 定额比例法

【解析】A项为辅助生产费用的分配方法。
【答案】A

【例题22·单选题·西安石油大学2017】对于月末在产品数量较大，各月末在产品数量变化也较大，产品成本原材料费用和工资福利费用等加工费用的比重相差不多的产品，应采用

（　　）分配完工产品和在产品的成本。

A. 在产品按固定成本计价法　　　　　B. 在产品按定额成本计价法

C. 约当产量法　　　　　　　　　　　D. 在产品按所耗原材料费用计价法

【解析】约当产量法适用于各月末在产品数量变化较大，产品成本中原材料费用和工资等其他费用比重相差不多的情形。

【答案】C

【例题23·多选题·西安石油大学2017】 采用定额比例法分配完工产品和在产品费用，应具备的条件有（　　）。

A. 消耗定额比较准确　　　　　　　　B. 消耗定额比较稳定

C. 各月末在产品数量变化较大　　　　D. 各月末在产品数量变化不大

【解析】定额比例法适用于定额管理基础较好，各项消耗定额和费用定额比较准确、稳定，各月末在产品数量变化较大的产品。

【答案】ABC

【例题24·多选题·天津商业2015】 约当产量比例法适用于（　　）的分配。

A. 原材料费用　　　　　　　　　　　B. 各种费用

C. 工资等其他加工费用　　　　　　　D. 随生产进度陆续投料的原材料费用

【解析】如果直接材料是在生产开始时一次投入，则无须根据约当产量进行分配。

【答案】CD

【例题25·单选题】 C产品在2020年2月共完工100件，月末在产品数量为50件。单位完工产品材料消耗定额500千克，工时消耗50小时；单位在产品材料消耗定额500千克，工时消耗25小时。假设2月初该类产品无在产品，本期发生直接材料15 000元，直接人工12 000元，制造费用10 000元。按定额比例法分配完工产品成本和在产品成本，则C产品本期完工产品成本为（　　）元。

A. 9 400　　　　　　　　　　　　　B. 25 600

C. 27 600　　　　　　　　　　　　　D. 24 667

【解析】采用定额比例法，将生产费用在完工产品和在产品之间进行分配，2月初该类产品无在产品，所以完工产品直接材料成本＝完工产品定额材料成本×[本月投入的实际材料成本÷（完工产品定额材料成本＋月末在产品定额材料成本）]＝100×500×[15 000/(100×500＋50×500)]＝10 000(元)；完工产品直接人工成本＝完工产品定额工时×[本月投入的实际人工成本÷（完工产品定额工时＋月末在产品定额工时）]＝100×50×[12 000/(100×50＋50×25)]＝9 600(元)；完工产品制造费用＝完工产品定额工时×[本月实际发生的制造费用÷（完工产品定额工时＋月末在产品定额工时）]＝100×50×[10 000÷(100×50＋50×25)]＝8 000(元)；本期完工产品成本＝10 000＋9 600＋8 000＝27 600(元)，选项C正确。

【答案】C

◆ 考点 15 · 约当产量法的具体应用

约当产量法具体分为加权平均法和先进先出法。

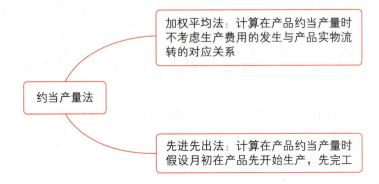

1. 加权平均法（更常用）

(1) 计算产品约当产量

在产品约当产量＝完工程度（完工率/投料率）×在产品数量

(2) 完工程度的确定

约当产量法的关键在于确定在产品的完工程度。完工程度需要根据不同成本项目的具体情况来确定。

成本项目	情况	在产品完工程度计算
直接材料	原材料在生产开始时一次投入	在产品无论完工程度如何，均与完工产品负担同样的材料费用
	原材料随生产过程陆续投入	投料程度与加工进度一致：与直接人工、制造费用在产品完工程度计算方法一致
		投料程度与加工进度不一致：按题目给的进度确定，若未给定，则按完成本工序投料的50%确定
		在每道工序开始时一次投入：按完成本工序投料的100%确定
直接人工		按照各工序发生的累计工时占全部工时的比重
制造费用		

【例题26·计算题】某种产品需经两道工序制成，直接材料消耗定额为100千克，其中，第一道工序直接材料消耗定额为40千克，第二道工序直接材料消耗定额为60千克。月末在产品数量如下：第一道工序为200件，第二道工序为300件。

要求：

(1) 若直接材料随加工进度陆续投料，每道工序投料程度按50%折算，计算两道工序在产品的约当产量；

(2)若直接材料在各工序开始时一次投入，计算两道工序在产品的约当产量。

【答案】(1)第一道工序的投料率 $=\dfrac{40\times 50\%}{100}=20\%$

第一道工序在产品约当产量 $=200\times 20\%=40$(件)

第二道工序的投料率 $=\dfrac{40+60\times 50\%}{100}=70\%$

第二道工序在产品约当产量 $=300\times 70\%=210$(件)

(2)第一道工序的投料率 $=\dfrac{40\times 100\%}{100}=40\%$

第一道工序在产品约当产量 $=200\times 40\%=80$(件)

第二道工序的投料率 $=\dfrac{40+60\times 100\%}{100}=100\%$

第二道工序在产品约当产量 $=300\times 100\%=300$(件)

(3)计算分配率

$$某项费用分配率=\dfrac{该项费用总额}{完工产品数量+在产品约当产量}$$

(4)计算完工产品和在产品成本

完工产品成本＝完工产品数量×费用分配率

在产品成本＝在产品约当产量×费用分配率

(5)优缺点

①优点：生产费用的分配过程易于理解，生产费用的计算分配工作也比较简便。

②缺点：生产费用分配所依据的约当产量单位成本(费用分配率)是一种月初在产品生产费用与本月生产费用的"混合成本"，而不是本月成本水平的体现，在上月与本月成本水平相差较大的情况下，会使上月的成本水平对本月月末在产品成本产生一定的影响，这不便于对各月产品成本的分析和考核。

2. 先进先出法

先进先出法是假设<u>先投产的产品先行完工</u>，(如果有月初在产品，生产车间就先完成月初在产品的生产，待月初在产品完工后，再开始本期投入的产品的生产。)并以此作为生产费用的流转顺序，将生产费用在完工产品与月末在产品之间进行分配的一种方法。

(1)计算本月耗料产量、本月耗工时产量

①直接材料：

本月耗料产量＝本月完工产品数量－月初在产品约当产量＋月末在产品约当产量

②直接人工和制造费用：

本月耗工时产量＝本月完工产品数量－月初在产品约当产量＋月末在产品约当产量

(2)计算分配率

$$分配率=\dfrac{本月发生生产费用}{本月耗料产量或本月耗工时产量}$$

(3)计算月末在产品成本

月末在产品完工成本＝月末在产品约当产量×分配率

(4)计算完工产品成本

完工产品成本＝月初在产品成本＋本月发生费用－月末在产品成本

(5)优缺点

避免了加权平均法的缺点，但其生产费用的计算分配工作较为复杂。

> **老丁翻译.**
>
> **先进先出法下本月生产费用分配原理**
>
> 由于先进先出法假设先投产的产品先行完工，所以月初在产品本月均已完工（也可能出现仍未完工的情况，但考试中不涉及），月末在产品都是本月新投入产生。因此只有本月发生的生产费用需要分配给在产品。
>
> 通过以下产品成本构成图，可以发现：月末完工产品成本由月初在产品成本和本月生产费用构成，而月末在产品成本由本月生产费用构成。
>
>
>
> 月初在产品　　　月末完工产品　　　月末在产品
>
> 因此，本月发生的生产费用的受益对象包括：①完工产品中扣减月初在产品约当产量的部分；②月末在产品。
>
> 本月生产费用分配率的分母即为本月完工产品数量＋月末在产品约当产量－月初在产品约当产量。

3. 两种方法应用比较

甲产品完工产品与在产品之间费用的分配采用约当产量法。有关资料如下。

(1)本月完工产品1 000件。

(2)本月月初在产品200件，其中第一道工序为50件，第二道工序为90件，第三道工序为60件。

(3)本月月末在产品240件，其中第一道工序为80件，第二道工序为60件，第三道工序为100件。

(4)甲产品的原材料在各工序陆续投入,其投料程度与加工进度不一致。甲产品的原材料消耗定额为 120 千克,其中第一道工序 60 千克,第二道工序 30 千克,第三道工序 30 千克。

(5)甲产品的工时消耗定额为 20 小时,其中第一道工序 4 小时,第二道工序 10 小时,第三道工序 6 小时。

(6)月初在产品生产费用为:直接材料费用 6 000 元,直接人工费用 2 400 元,制造费用 3 000 元;本月生产费用为:直接材料费用 36 365 元,直接人工费用 15 520 元,制造费用 20 520 元。

解法一:采用加权平均法将生产费用在完工产品与在产品之间进行分配。

直接材料费用的分配	①计算各道工序下在产品直接材料投料率	第一道工序的投料率=(60×50%)/120=25% 第二道工序的投料率=(60+30×50%)/120=62.5% 第三道工序的投料率=(60+30+30×50%)/120=87.5%
	②计算月末在产品约当产量	第一道工序的月末在产品约当产量=80×25%=20(件) 第二道工序的月末在产品约当产量=60×62.5%=37.5(件) 第三道工序的月末在产品约当产量=100×87.5%=87.5(件) 月末在产品约当产量合计=20+37.5+87.5=145(件)
	③直接材料费用的分配	分配率=(6 000+36 365)/(1 000+145)=42 365/1 145=37 本月完工产品直接材料费用=1 000×37=37 000(元) 月末在产品直接材料费用 145×37=5 365(元)
直接人工和制造费用的分配	①计算各道工序下在产品完工率	第一道工序的完工率=(4×50%)/20=10% 第二道工序的完工率=(4+10×50%)/20=45% 第三道工序的完工率=(4+10+6×50%)/20=85%
	②计算月末在产品约当产量	第一道工序的月末在产品约当产量=80×10%=8(件) 第二道工序的月末在产品约当产量=60×45%=27(件) 第三道工序的月末在产品约当产量=100×85%=85(件) 月末在产品约当产量合计=8+27+85=120(件)
	③直接人工和制造费用的分配	直接人工分配: 分配率=(2 400+15 520)/(1 000+120)=16 本月完工产品直接人工费用=1 000×16=16 000(元) 月末在产品直接人工费用=120×16=1 920(元) 制造费用分配: 分配率=(3 000+20 520)/(1 000+120)=21 本月完工产品制造费用=1 000×21=21 000(元) 月末在产品制造费用=120×21=2 520(元)
本月完工产品成本和月末在产品成本的计算		本月完工产品成本=37 000+16 000+21 000=74 000(元) 月末在产品成本=5 365+1 920+2 520=9 805(元)

解法二：采用先进先出法将生产费用在完工产品与在产品之间进行分配。

直接材料费用的分配	①计算本期耗料产量	由于本月完工产品产量1 000件为已知，月末在产品分配直接材料费用的约当产量在上例中已经算出，为145件 月初在产品约当产量： 第一道工序＝60×50％/120×50＝25％×50＝12.5（件） 第二道工序＝(60＋30×50％)/120×90＝62.5％×90＝56.25（件） 第三道工序＝(60＋30＋30×50％)/120×60＝87.5％×60＝52.5（件） 月初在产品约当产量合计＝12.5＋56.25＋52.5＝121.25（件） 本期耗料产量＝1 000＋145－121.25＝1 023.75（件）
	②直接材料费用的分配	本月直接材料费用分配＝36 365/1 023.75＝35.521 4 月末在产品直接材料费用＝145×35.521 4＝5 150.6（元） 完工产品直接材料费用＝(6 000＋36 365)－5 150.6＝37 214.4（元）
直接人工和制造费用的分配	①计算本期耗工时产量	由于本月完工产品产量1 000件为已知，月末在产品分配直接人工费用和制造费用的约当产量在上例中已经算出，为120件 月初在产品约当产量： 第一道工序＝4×50％/20×50＝10％×50＝5（件） 第二道工序＝(4＋10×50％)/20×90＝45％×90＝40.5（件） 第三道工序＝(4＋10＋6×50％)/20×60＝85％×60＝51（件） 月初在产品约当产量合计＝5＋40.5＋51＝96.5（件） 本月耗工时产量＝1 000＋120－96.5＝1 023.5（件）
	②直接人工费用分配	本月直接人工费用分配率＝15 520/1 023.5＝15.163 7 月末在产品直接人工费用＝120×15.163 7＝1 819.64（元） 本月完工产品直接人工费用＝(2 400＋15 520)－1 819.64＝16 100.36（元）
	③制造费用的分配	制造费用分配率＝20 520/1 023.5＝20.048 9 月末在产品制造费用＝120×20.048 9＝2 405.87（元） 本月完工产品制造费用＝(3 000＋20 520)－2 405.87＝21 114.13（元）
本月完工产品成本和月末在产品成本的计算		本月完工产品成本＝37 214.4＋16 100.36＋21 114.13＝74 428.89（元） 月末在产品成本＝5 150.6＋1 819.64＋2 405.87＝9 376.11（元）

【例题27·单选题·川大2017】 甲产品经过两道工序加工完成，采用约当产量比例法将直接人工成本在完工产品和月末在产品之间进行分配。甲产品月初在产品和本月发生的直接人工成本总计23 200元。本月完工产品200件，月末第一道工序在产品20件，完成全部工序40％；第二道工序在产品40件，完成全部工序的60％。月末在产品的直接人工成本为（　　）元。

A. 2 400   B. 3 200   C. 6 000   D. 20 000

【解析】月末在产品约当产量＝20×40％＋40×60％＝32（件）。

直接人工费用分配率＝23 200/(200＋32)＝100。

月末在产品的直接人工成本＝100×32＝3 200（元）。

【答案】B

【例题28·单选题·西安石油大学2017】某厂的B产品单位工时定额为60小时，经过两道工序加工完成，第一道工序的工时定额为20小时，第二道工序的工时定额为40小时。假设本月末第一道工序有在产品40件，平均完工程度为30％；第二道工序有在产品60件，平均完工程度为70％。则在产品的约当产量为（　　）件。

A. 48　　　　　　B. 52　　　　　　C. 36　　　　　　D. 42

【解析】第一道工序在产品完工率＝20×30％/60＝10％。

第二道在产品完工率＝(20＋40×70％)/60＝80％。

在产品约当产量＝40×10％＋60×80％＝52（件）。

【答案】B

◆考点 16 · 联产品和副产品的成本分配（了解即可）

1. 联产品加工成本的分配

(1) 联产品的含义

联产品是指使用同种材料，经过同一生产过程同时生产出来的两种或两种以上的**主要产品**。例如，炼油厂从原油中同时提炼出汽油、煤油、柴油等产品，这些产品都是炼油厂的主要产品，可称之为联产品。

(2) 联合成本的含义

联合成本是指在分离点以前发生的成本。

(3) 联合成本的分配方法

方法	分配标准	适用范围
分离点售价法	分离点上的每种产品的销售价格	适用于每种产品在分离时点的销售价格能够可靠地计量
可变现净值法	分离点上的每种产品的可变现净值（某产品可变现净值＝最终销售价格总额－分离后该产品的后续单独加工成本）	适用于还需要进一步加工的情况
实物数量法	产品的实物数量或重量	适用于所生产的产品的价格很不稳定或无法直接确定的情况

【例题29·单选题】 甲工厂生产联产品 X 和 Y，9月份产量分别为690件和1 000件。分离点前发生联合成本40 000元，分离点后分别发生深加工成本10 000元和18 000元，X和Y的最终销售总价分别为970 000元和1 458 000元。按照可变现净值法，X和Y的总加工成本分别是（　　）。

A. 16 000元和24 000元 B. 12 000元和28 000元

C. 22 000元和46 000元 D. 26 000元和42 000元

【解析】X产品的可变现净值＝970 000－10 000＝960 000(元)。

Y产品的可变现净值＝1 458 000－18 000＝1 440 000(元)。

X产品总加工成本＝40 000/(960 000＋1 440 000)×960 000＋10 000＝26 000(元)。

Y产品总加工成本＝40 000/(960 000＋1 440 000)×1 440 000＋18 000＝42 000(元)。

【答案】D

2. 副产品加工成本的分配

(1)副产品的含义

在同一生产过程中，使用同种原料，在生产主要产品的同时附带生产出来的**非主要产品**。炼油厂在提炼原油的过程中，会生产一些渣油、石油焦等，渣油和石油焦就是副产品。

(2)分配方法

由于副产品价值相对较低，而且在全部产品生产中所占的比重较小，因而在分配主产品和副产品的加工成本时，可将副产品按照简化的方法计价，从主、副产品的总成本中扣除，从而确定主产品的成本。通常副产品的计价可使用下面4种方法。

①副产品不计价法。

②副产品按分离后的成本计价法。

③副产品按固定成本计价法。

④副产品按销售价格扣除销售税金、销售费用后的余额计价法。

【例题30·单选题】 甲制造业企业生产主产品的同时，还生产了某种副产品，共发生生产成本80 000元，副产品分离后需要进一步加工，才可以对外出售，当月完工主产品500件，副产品100件，副产品进一步加工发生成本4 000元，副产品的市场销售价格为112.5元，单位税金和利润为25元，采用副产品按销售价格扣除销售税金、销售费用后的余额计价法确定的主产品成本为（　　）元。

A. 4 750 B. 7 250

C. 75 250 D. 8 750

【解析】副产品应分摊的生产成本＝(112.5－25)×100－4 000＝4 750(元)；主产品应负担的生产成本＝80 000－4 750＝75 250(元)，选项C正确。

【答案】C

3. 联产品和副产品的区别与联系

要点	联产品	副产品
联系	两者生产过程相同，且各项费用发生时都不可能按产品品种归集；联产出的各种联产品、副产品性质和用途都不同；联产过程结束后，有的产品可以直接出售，有的产品则需要进一步加工后再出售	
区别	销售价值较高，其生产的产品质量高低直接影响企业经济效益的大小	销售价值较小，在企业的销售总额中所占比重不大，对企业的经济效益影响也很小
	联产品都是企业的主要产品，是企业生产经营活动的主要目标	副产品是次要产品，依附于主要产品，不是企业经营活动的主要目标

第二节 产品成本计算的基本方法

◆ 考点 17·产品成本计算的基本方法概述

产品成本计算就是按照成本计算对象归集和分配生产费用，计算各成本计算对象的总成本和单位成本的过程。

企业应当根据生产特点和成本管理的要求选择产品成本计算方法。

生产按照工艺过程特点和生产组织特点可分成如下类别。

分类标准	类别	含义
按工艺过程特点	单步骤生产	生产工艺过程不能间断，不可能或不需要划分为几个步骤的生产
	多步骤生产	生产工艺过程由若干可以间断、分散在不同地点、分别在不同时间进行的生产步骤所组成的生产
		分类：连续式生产、装配式生产
按生产组织特点	大量生产	不断重复生产相同产品
	成批生产	按照事先规定的产品批别和数量进行的生产
	单件生产	根据订货单位的要求，进行个别的、特殊产品的生产

产品成本计算方法分为基本方法和辅助方法。产品成本计算的基本方法是与生产类型有着直接联系，涉及成本计算对象的确定，是计算产品实际成本必不可少的方法。产品成本计算的辅助方法是与生产类型的特点没有直接联系，不涉及成本计算对象的确定，不是计算产品实际成本必不可少的方法。

产品成本计算的基本方法比较

比较内容	品种法	分批法	分步法
成本计算对象	产品品种	产品批次	产品生产步骤
适用范围	大量大批单步骤生产的公司以及管理上不要求按照生产步骤计算产品成本的多步骤生产 例：发电、供水、采掘	单件小批产品的生产 例：造船、重型机械、精密仪器、新产品试制、设备修理	大量大批次，管理上要求按照生产步骤计算产品成本的多步骤生产 例：冶金、纺织、机械制造
成本计算期	定期计算产品成本，成本计算期与会计核算报告期一致	成本计算期与产品生产周期一致，与会计核算报告期不一致	定期计算产品成本，成本计算期与会计核算报告期一致
是否存在完工产品与在产品划分	存在	一般不存在（有特殊）	存在

【例题 31·单选题·天津商业 2015】划分产品成本计算的基本方法和辅助方法的标准是（　　）。

　　A. 成本计算工作的简繁　　　　　　　B. 对成本管理作用的大小
　　C. 应用是否广泛　　　　　　　　　　D. 对于计算产品实际成本是否必不可少

【解析】产品成本计算的基本方法是指与生产类型有着直接联系，涉及成本计算对象的确定，是计算产品实际成本必不可少的方法。产品成本计算的辅助方法是指与生产类型的特点没有直接联系，不涉及成本计算对象的确定，不是计算产品实际成本必不可少的方法。

【答案】D

【例题 32·多选题·天津商业 2015】将品种法、分批法和分步法概括为产品成本计算的基本方法是因为这些方法（　　）。

　　A. 与生产类型的特点有直接联系　　　B. 有利于加强成本管理
　　C. 成本计算工作简化　　　　　　　　D. 是计算产品实际成本必不可少的方法

【解析】产品成本计算的基本方法是指与生产类型有着直接联系，涉及成本计算对象的确定，是计算产品实际成本必不可少的方法。

【答案】AD

【例题 33·单选题·西安石油大学 2017】对大批量单步骤生产的产品，应以产品的（　　）作为产品成本计算对象。

　　A. 产品的品种　　　B. 产品的批次　　　C. 产品的生产步骤　　　D. 产品的类别

【解析】品种法适用于大量大批单步骤生产的公司以及管理上不要求按照生产步骤计算产品成本的多步骤生产。

【答案】A

【例题34·单选题·西安石油大学2017】适合汽车修理企业采用的成本计算方法是( )。
A. 品种法　　　　　　　　　　　B. 分批法
C. 逐步结转分步法　　　　　　　D. 平行结转分步法
【解析】汽车修理企业属于单件小批产品的服务提供，适用分批法。
【答案】B

◆ 考点 18 · 品种法

品种法是按照产品品种归集生产费用，计算产品成本的一种方法。它主要适用于**大量、大批的单步骤**生产，如发电、采掘等。在大量、大批多步骤生产中，如果管理上不要求按照生产步骤计算产品成本，也可以采用品种法计算产品成本，如小型水泥厂、织布厂等。

成本核算对象	产品品种
成本计算期	一般<u>定期（每月月末）</u>计算产品成本，成本计算期与财务报告期一致，与产品的生产周期不一致
是否存在完工产品与在产品划分	如果月末有在产品，需要将生产成本在完工产品和在产品之间进行分配 会计分录为： 借：库存商品—×产品 　　贷：生产成本—基本生产成本—×产品

【例题35·计算题】某公司生产甲、乙两种产品，根据生产特点和管理要求，确定采用品种法计算产品成本。20×3年7月两种产品发生的成本资料如下。

(1)月初在产品成本如下表。

单位：元

产品	直接材料	燃料和动力费	直接人工	制造费用	合计
甲产品	15 700	18 475	7 730	6 290	48 195
乙产品	9 468	8 020	2 544	1 292	21 324

(2)本月产量如下表。

单位：元

产品	月初在产品	本月投产	本月完工	月末在产品
甲产品	300	400	600	100
乙产品	360	300	500	160

(3)本月生产费用情况如下。

①材料费用

本月甲产品直接领用原材料30 040元,乙产品直接领用原材料12 840元。两种产品共同领用原材料42 120元,甲产品消耗定额为1.2千克/件,乙产品消耗定额为1.1千克/件,甲、乙产品之间按照材料定额成本的比例分配原材料成本。

②直接人工成本

甲产品发生直接人工成本31 920元,乙产品发生直接人工成本18 240元。

③燃料和动力费

甲产品发生燃料和动力费67 000元,乙产品发生燃料和动力费41 300元。

④制造费用

生产甲产品的实际人工工时为56 000小时,生产乙产品的实际人工工时为32 000小时,本月发生制造费用36 080元,甲、乙产品之间按照实际人工工时比例分配制造费用。

⑤完工产品和在产品的成本分配

期末按照约当产量法分配完工产品和在产品的成本,甲、乙产品的原材料均在生产开始时一次投入,月末甲产品的在产品完工程度按50%计算,乙产品的在产品完工程度按62.5%计算,其他费用按约当产量比例分配。

要求:计算甲、乙产品的成本并填写产品成本计算单。

【答案】(1)原材料分配率 $=\dfrac{42\ 120}{400\times 1.2+300\times 1.1}=52$

甲产品承担的原材料成本 $=400\times 1.2\times 52=24\ 960(元)$

乙产品承担的原材料成本 $=300\times 1.1\times 52=17\ 160(元)$

(2)制造费用分配率 $=\dfrac{36\ 080}{56\ 000+32\ 000}=0.41$

甲产品承担的制造费用 $=56\ 000\times 0.41=22\ 960(元)$

乙产品承担的制造费用 $=32\ 000\times 0.41=13\ 120(元)$

(3)①甲产品的成本计算过程如下。

甲产品直接材料成本合计 $=15\ 700+30\ 040+24\ 960=70\ 700(元)$

甲产品燃料和动力费合计 $=18\ 475+67\ 000=85\ 475(元)$

甲产品直接人工合计 $=7\ 730+31\ 920=39\ 650(元)$

甲产品制造费用合计 $=6\ 290+22\ 960=29\ 250(元)$

直接材料分配率 $=\dfrac{70\ 700}{600+100}=101$

完工产品承担的直接材料成本 $=101\times 600=60\ 600(元)$

在产品承担的直接材料成本 $=101\times 100=10\ 100(元)$

燃料和动力费分配率 $=\dfrac{85\ 475}{600+100\times 50\%}=131.5$

完工产品承担的燃料和动力费 $=131.5\times 600=78\ 900(元)$

在产品承担的燃料和动力费＝131.5×100×50％＝6 575(元)

直接人工分配率＝$\frac{39\ 650}{600+100×50\%}$＝61

完工产品承担的直接人工＝61×600＝36 600(元)

在产品承担的直接人工＝61×100×50％＝3 050(元)

制造费用分配率＝$\frac{29\ 250}{600+100×50\%}$＝45

完工产品承担的制造费用＝45×600＝27 000(元)

在产品承担的制造费用＝45×100×50％＝2 250(元)

甲产品完工产品成本＝60 600＋78 900＋36 600＋27 000＝203 100(元)

甲产品在产品成本＝10 100＋6 575＋3 050＋2 250＝21 975(元)

产品成本计算单

完工产成品数量：600件
产品名称：甲　　　　　　20×3年7月　　　　　　单位：元

成本项目	月初在产品成本	本月生产费用合计	生产费用合计	产成品成本		月末在产品成本
				总成本	单位成本	
直接材料	15 700	55 000	70 700	60 600	101	10 100
燃料和动力费	18 475	67 000	85 475	78 900	131.5	6 575
直接人工	7 730	31 920	39 650	36 600	61	3 050
制造费用	6 290	22 960	29 250	27 000	45	2 250
合计	48 195	176 880	225 075	203 100	338.5	21 975

②乙产品的成本计算过程如下

乙产品直接材料成本合计＝9 468＋12 840＋17 160＝39 468(元)

乙产品燃料和动力费合计＝8 020＋41 300＝49 320(元)

乙产品直接人工合计＝2 544＋18 240＝20 784(元)

乙产品制造费用合计＝1 292＋13 120＝14 412(元)

直接材料分配率＝$\frac{39\ 468}{500+160}$＝59.8

完工产品承担的直接材料成本＝59.8×500＝29 900(元)

在产品承担的直接材料成本＝59.8×160＝9 568(元)

燃料和动力费分配率＝$\frac{49\ 320}{500+160×62.5\%}$＝82.2

完工产品承担的燃料和动力费＝82.2×500＝41 100(元)

在产品承担的燃料和动力费 = 82.2×160×62.5% = 8 220(元)

直接人工分配率 = $\frac{20\ 784}{500+160\times 62.5\%}$ = 34.64

完工产品承担的直接人工 = 34.64×500 = 17 320(元)

在产品承担的直接人工 = 34.64×160×62.5% = 3 464(元)

制造费用分配率 = $\frac{14\ 412}{500+160\times 62.5\%}$ = 24.02

完工产品承担的制造费用 = 24.02×500 = 12 010(元)

在产品承担的制造费用 = 24.02×160×62.5% = 2 402(元)

乙产品完工产品成本 = 29 900+41 100+17 320+12 010 = 100 330(元)

乙产品在产品成本 = 9 568+8 220+3 464+2 402 = 23 654(元)

产品成本计算单

完工产成品数量：500 件
产品名称：乙　　　　　20×3 年 7 月　　　　　单位：元

成本项目	月初在产品成本	本月生产费用合计	生产费用合计	产成品成本		月末在产品成本
				总成本	单位成本	
直接材料	9 468	30 000	39 468	29 900	59.80	9 568
燃料和动力费	8 020	41 300	49 320	41 100	82.2	8 220
直接人工	2 544	18 240	20 784	17 320	34.64	3 464
制造费用	1 292	13 120	14 412	12 010	24.02	2 402
合计	21 324	102 660	123 984	100 330	200.66	23 654

【例题36·单选题】 下列各项中，关于产品成本计算品种法的表述正确的是（　　）。

A. 成本计算期与财务报告期不一致　　B. 以产品品种作为成本计算对象

C. 以产品批别作为成本计算对象　　D. 广泛适用于小批或单件生产的企业

【解析】 品种法下一般定期（每月月末）计算产品成本，成本计算期与财务报告期一致，与产品的生产周期不一致，A 项不正确。品种法是以产品品种为成本核算对象的方法，B 项正确，C 项不正确。品种法适用于大量大批单步骤生产或管理上不要求分步计算成本的企业，D 项不正确。

【答案】 B

【例题37·判断题】 根据企业生产经营特点和管理要求，单步骤、大量生产的产品一般采用品种法计算产品成本。（　　）

【答案】 √

◆ 考点 19 · 分批法

分批法是按照产品的批别归集生产费用，计算产品成本的一种方法。它主要适用于小批、单件，管理上不要求分步骤计算成本的多步骤生产，如重型机械、船舶、精密工具仪器制造业，以及服装业、印刷业等。

1. 分批法应用举例

某企业生产销售 A、B 两种产品，采用分批法计算产品成本。20××年 7 月生产情况和生产费用支出情况的资料如下。

(1)本月生产的产品批号、完工情况如下。

3020：A 产品 10 台，5 月投产，本月全部完工。

3040：A 产品 15 台，6 月投产，本月完工 10 台。完工产品与月末在产品之间的费用分配采用约当产量比例法。原材料在生产开始时一次投入，其他费用按约当产量比例分配。在产品的完工程度为 40%。

4021：B 产品 10 台，本月投产，本月完工 2 台。为简化核算，这 2 台 B 产品的成本按计划成本转出，每台计划成本为：直接材料费用 3 510 元，直接燃料费用 300 元，直接人工费用 2 800 元，制造费用 2 100 元，合计 8 710 元。

(2)生产费用支出情况如下。

①各批产品的月初在产品费用详见下表。

单位：元

批号	直接材料	直接燃料和动力	直接人工	制造费用	合计
3020	45 000	3 500	24 000	21 000	93 500
3040	87 000	4 220	30 040	23 000	144 260

②根据费用分配表，汇总各批产品本月发生的生产费用，详见下表。

单位：元

批号	直接材料	直接燃料和动力	直接人工	制造费用	合计
3020	—	1 500	15 000	13 000	29 500
3040	—	1 600	17 000	14 500	33 100
4021	35 000	2 000	20 000	15 000	72 000

采用分批法计算产品成本，就是要以批次为单位计算各批产品的总成本和单位成本、填写产品成本明细账。

本例三个批次的产品成本计算过程和产品成本明细账列示如下。

(1)3020号订单。

3020号10台A产品在本月全部完工,所以月初在产品成本与本月发生的生产费用合计数就是该订单完工产品的成本,不存在完工产品成本和在产品成本的分配。3020号产品成本明细账如下表。

产品成本明细账

产品批号:3020　　　　　购货单位:先锋公司　　　　投产日期:5月
产品名称:A　　　　　　批量:10台　　　　　　　完工日期:7月
　　　　　　　　　　　　　　　　　　　　　　　　单位:元

摘要	直接材料	直接燃料和动力	直接人工	制造费用	合计
月初在产品费用	45 000	3 500	24 000	21 000	93 500
本月费用	—	1 500	15 000	13 000	29 500
累计	45 000	5 000	39 000	34 000	123 000
完工产品成本	45 000	5 000	39 000	34 000	123 000
完工产品单位成本	4 500	500	3 900	3 400	12 300

(2)3040号订单。

3040号15台A产品在本月完工10台,在产品5台。因此需要将月初在产品成本与本月发生的生产费用合计数在完工产品和在产品之间进行分配。

由于原材料是在生产开始时一次投入的,其费用按照完工产品和在产品的实际数量分配。

直接材料费用分配率=87 000÷(10+5)=5 800

完工产品直接材料费用=5 800×10=58 000(元)

月末在产品直接材料费用=5 800×5=29 000(元)

月末在产品约当产量=5×40%=2(台)

直接燃料和动力费用分配率=5 820÷(10+2)=485

完工产品直接燃料和动力费用=485×10=4 850(元)

月末在产品直接燃料和动力费用=485×2=970(元)

直接人工费用分配率=47 040÷(10+2)=3 920

完工产品直接人工费用=3 920×10=39 200(元)

月末在产品直接人工费用=3 920×2=7 840(元)

制造费用分配率=37 500÷(10+2)=3 125

完工产品制造费用=3 125×10=31 250(元)

月末在产品制造费用=3 125×2=6 250(元)

根据上述数据，填列3040号产品成本明细账。

产品成本明细账

产品批号：3040　　　　　　购货单位：江北公司　　完工日期：8月（本月完工10台）
产品名称：A　　　　　　　　批量：15台　　　　　　　投产日期：6月
　　　　　　　　　　　　　　　　　　　　　　　　　　单位：元

摘要	直接材料	直接燃料和动力	直接人工	制造费用	合计
月初在产品费用	87 000	4 220	30 040	23 000	144 260
本月费用	—	1 600	17 000	14 500	33 100
累计	87 000	5 820	47 040	37 500	177 360
完工产品成本	58 000	4 850	39 200	31 250	133 300
完工产品单位成本	5 800	485	3 920	3 125	13 330
月末在产品费用	29 000	970	7 840	6 250	44 060

（3）4021号订单。

4021号10台B产品在本月完工2台，在产品8台。因此需要将月初在产品成本与本月发生的生产费用合计数在完工产品和在产品之间进行分配。完工产品的成本按计划成本转出。据此，填列4021号产品成本明细账。

产品成本明细账

产品批号：4021　　　　　　购货单位：江南公司　　完工日期：8月（本月完工2台）
产品名称：B　　　　　　　　批量：10台　　　　　　　投产日期：7月
　　　　　　　　　　　　　　　　　　　　　　　　　　单位：元

摘要	直接材料	直接燃料和动力	直接人工	制造费用	合计
本月费用	35 000	2 000	20 000	15 000	72 000
计划单台成本	3 510	300	2 800	2 100	8 710
完工产品成本	7 020	600	5 600	4 200	17 420
月末在产品费用	27 980	1 400	14 400	10 800	54 580

2. 简化的分批法

在小批、单件生产的企业或车间中，如果同一月份投产的产品批数很多，几十批甚至上百批，且月末未完工的批数也较多，如机械制造厂或修配厂，将当月发生的间接费用全部分配给各批产品，而不管各批产品是否已经完工，费用分配的核算工作将非常繁重。因此，为简化成本核算工作这类企业或车间中还可以采用一种简化的分批法。

(1)简化分批法的内涵

在简化分批法下，仍应按照产品批别设立产品成本明细账，但在各批产品完工之前，账内只需按月登记直接费用(如直接材料费用)和生产工时。每月发生的间接费用，不是按月在各批产品之间进行分配，而是先将其在基本生产成本二级账中，按成本项目分别累计起来，只有在有产品完工的那个月份，才对完工产品按照其累计工时的比例，分配间接费用，计算完工产品成本；而全部产品的在产品应负担的间接费用，则以总数反映在基本生产成本二级账中，不进行分配，不分批计算在产品成本。因此，这种方法可称为不分批计算在产品成本的分批法。

各批完工产品应负担的间接费用，一般是按照全部产品累计间接费用分配率和各批完工产品累计生产工时的比例进行计算分配的。有关计算公式如下。

$$全部产品累计间接费用分配率 = \frac{全部产品累计间接费用}{全部产品累计工时}$$

某批完工产品应负担的间接费用＝该批完工产品累计工时×全部产品累计间接费用分配率

(2)优点

简化分批法下不分批计算在产品成本，能够简化费用的分配和登记工作，月末未完工的批数越多，核算工作就越简化。

(3)适用范围

简化的分批法适用于同一月份投产的产品批数很多，且月末未完工批数也较多的企业。如果月末未完工的批数不多，则不宜采用。因为在这种情况下，绝大多数批号的产品仍然要分配登记各项间接费用，核算工作减少不多。另外，由于在这种方法下根据间接费用累计计算分配率，因而这种方法在各月间接费用水平相差悬殊的情况下也不宜采用。

【例题38·单选题·央财2017】 下列情况下，不宜采用简化分批法的条件是(　　)。
A. 各月间接计入费用水平相差较大
B. 月末未完工产品批数较多
C. 同一月份投产的批数很多
D. 各月间接计入费用水平相差不大

【解析】 简化分批法在各月间接费用水平相差悬殊的情况下不宜采用，月末未完工产品的批数不多的情况下也不宜采用，否则，影响计算的正确性。

【答案】 A

◆考点20·分步法

分步法，是指按照生产过程中各个加工步骤为成本核算对象，归集和分配生产成本，计算产品成本的方法。它适用于大量、大批管理上要求分步计算成本的多步骤生产。

根据企业生产过程的特点和成本管理对各步骤成本资料的要求(要不要计算半成品成本)不同，以及简化成本计算工作的考虑，可分为逐步结转分步法(计列半成品成本的分步法)和平行结转分步法(不计列半成品成本的分步法)。

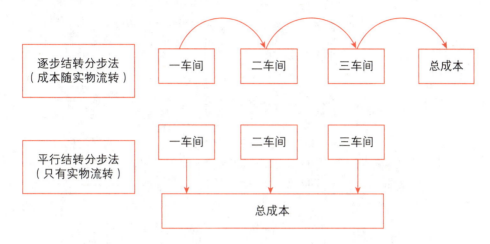

1. 逐步结转分步法

(1)内涵与特点

逐步结转分步法是按照产品的生产步骤逐步计算并结转半成品成本，最后计算出产成品成本的一种分步法。

在逐步结转分步法下，各步骤所耗用的上一步骤半成品的成本，要随着半成品实物的转移，从上一步骤的产品成本明细账转入下一步骤相同产品的产品成本明细账中，以便逐步计算各步骤的半成品成本和最后步骤的产成品成本。

(2)优点

①能提供各个生产步骤的半成品成本资料；
②为各生产步骤的在产品实物管理及资金管理提供资料；
③能够全面地反映各生产步骤的生产耗费水平，更好地满足各生产步骤成本管理的要求。

(3)缺点

成本结转工作量较大，各生产步骤的半成品成本如果采用逐步综合结转方法，还要进行成本还原，增加了核算的工作量。

(4)分类

逐步结转分步法按照结转的半成品成本在下一步骤成本明细账中的反映方式，还可以分为综合结转和分项结转两种方法。

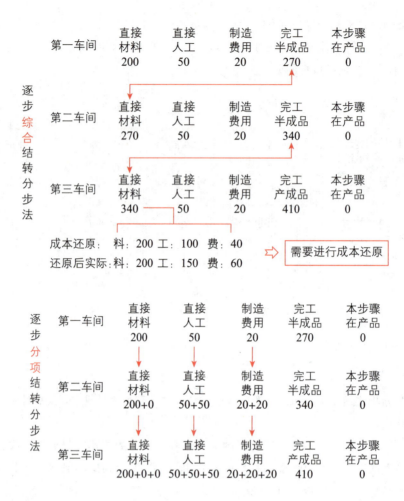

(5) 综合结转的成本还原

采用逐步综合结转分步法计算出的半成品成本，各步骤所耗半成品的成本是以"直接材料"账户综合反映的。从上图可以看出，在这种方法下，完工产成品成本中绝大部分费用是直接材料，但这显然不符合产品成本构成的实际情况，不能据以从整个企业角度分析和考核产品成本的构成和水平。因此，在管理上要求从整个企业角度考核和分析产品成本的构成和水平时，还应将综合结转算出的产成品成本进行成本还原。

所谓成本还原，就是从最后一个步骤起，把所耗上一步骤半成品的综合成本还原成"直接材料""直接人工""制造费用"等原始成本项目，从而求得按原始成本项目反映的产成品成本资料。

成本还原需要计算成本还原率，用成本还原率分别乘以上一步骤所产半成品各个成本项目的费用，即可将产成品所耗该种半成品的成本进行分解、还原；然后将还原前的产成品成本与产成品成本中半成品费用的还原值按照成本项目相加即可。

成本还原率的计算公式如下。

$$成本还原率 = \frac{产成品所耗上一步骤半成品费用}{上一步骤所产该种半成品成本总计}$$

【例题39·计算题】甲企业生产产品A,采用逐步综合结转分步法计算产品成本,产品生产分为两个步骤,第一步骤对原料进行预处理,随后直接转移到第二步骤进行深加工,原料在第一步骤生产开工时一次性投放,第二步骤领用第一步骤产成品(即半成品)继续加工,不再投入新的原料,两个步骤的直接人工和制造费用随加工进度陆续发生。第一步骤和第二步骤均采用约当产量法(加权平均法)在产成品和在产品之间分配成本。月末在产品的完工程度分别为60%和50%。第二步骤所耗第一步骤半成品的单位成本按加权平均法计算分配率(即月初在产品和本月发生成本中半成品的合计金额除以合计约当产量)。

2017年9月成本核算相关资料如下表。

(1)本月产量资料如下表。

单位:千克

步骤	月初在产品	本月投产	合计	产成品	月末在产品
第一步骤	8 000	92 000	100 000	90 000	10 000
第二步骤	6 000	90 000	96 000	88 000	8 000

(2)月初在产品成本如下表。

单位:元

步骤	直接材料	半成品	直接人工	制造费用	合计
第一步骤	40 000	—	8 000	5 000	53 000
第二步骤	—	84 000	29 000	31 000	144 000

(3)本月发生成本如下表。

单位:元

步骤	直接材料	直接人工	制造费用	合计
第一步骤	290 000	55 360	37 240	382 600
第二步骤	—	799 000	889 000	1 688 000

要求:

(1)编制各步骤产品成本计算单;

(2)计算A产品单位成本,并进行成本还原。

【答案】(1)各步骤产品成本计算单如下。

第一步骤成本计算单

2017年9月 单位:元

项目	直接材料	直接人工	制造费用	合计
月初在产品成本	40 000	8 000	5 000	53 000

续表

项目	直接材料	直接人工	制造费用	合计
本月生产成本	290 000	55 360	37 240	382 600
合计	330 000	63 360	42 240	435 600
分配率	3.3	0.66	0.44	4.4
完工半成品转出	297 000	59 400	39 600	396 000
月末在产品	33 000	3 960	2 640	39 600

完工产品和在产品直接材料分配率=330 000/(90 000+10 000)=3.3
第一步骤在产品约当产量=10 000×60%=6 000(千克)
完工产品和在产品直接人工分配率=63 360/(90 000+6 000)=0.66
完工产品和在产品制造费用分配率=42 240/(90 000+6 000)=0.44

第二步骤成本计算单
2017年9月   单位：元

项目	半成品	直接人工	制造费用	合计
月初在产品成本	84 000	29 000	31 000	144 000
本月生产成本	396 000	799 000	889 000	2 084 000
合计	480 000	828 000	920 000	2 228 000
分配率	5	9	10	24
产成品	440 000	792 000	880 000	2 112 000
月末在产品	40 000	36 000	40 000	116 000

完工产品和在产品半成品分配率=480 000/(88 000+8 000)=5
第二步骤在产品约当产量=8 000×50%=4 000(千克)
完工产品和在产品直接人工分配率=828 000/(88 000+4 000)=9
完工产品和在产品制造费用分配率=920 000/(88 000+4 000)=10

(2)A产品的单位成本=5+9+10=24(元/件)

成本还原率=$\frac{440\ 000}{396\ 000}$=1.111 1

产成品所耗半成品费用中的直接材料=297 000×$\frac{440\ 000}{396\ 000}$=330 000(元)

产成品所耗半成品费用中的直接人工=59 400×$\frac{440\ 000}{396\ 000}$=66 000(元)

产成品所耗半成品费用中的制造费用=39 600×$\frac{440\ 000}{396\ 000}$=44 000(元)

产成品成本还原计算表

产品名称：A产品　　　　　　　　　　　　　　　　　单位：元

项目	成本还原率	半成品	直接材料	直接人工	制造费用	成本合计
还原前产成品成本	—	440 000	—	792 000	880 000	2 112 000
本月所产半成品成本	—	—	297 000	59 400	39 600	396 000
成本还原	1.111 1	－440 000	330 000	66 000	44 000	0
还原后产成品成本	—	—	330 000	858 000	924 000	2 112 000
还原后产成品单位成本	—	—	3.75	9.75	10.5	24

2. 平行结转分步法

平行结转分步法，也称不计算半成品成本分步法，在这种方法下，不计算各步骤所产半成品的成本，也不计算各步骤所耗用上一生产步骤的半成品成本，而只计算本步骤发生的各项其他费用以及这些费用<u>应计入产成品的份额</u>；将某一产品的各生产步骤应计入产成品的份额平行结转、汇总，即可计算出该种产品的产成品成本。

平行结转分步法：

	直接材料	直接人工	制造费用	本步骤在产品
第一车间	200	50	20	0
第二车间	0	50	20	0
第三车间	0	50	20	0

⇩

	直接材料	直接人工	制造费用	总成本
完工产品成本	200+0+0	50+50+50	20+20+20	410

(1) 优点

①各步骤可以同时计算产品成本，平行汇总计入产成品成本，不必逐步结转半成品成本；
②能够直接提供按原始成本项目反映的产成品成本资料，不必进行成本还原，因而能够简化和加速成本计算工作。

(2) 缺点

①不能提供各个步骤的半成品成本资料；
②在产品的费用在产品最后完成以前，不随实物转出而转出，即不按其所在的地点登记，

而按其发生的地点登记，因而不能为各个生产步骤在产品的实物和资金管理提供资料；

③各生产步骤的产品成本不包括所耗半成品费用，因而不能全面地反映各个步骤产品的生产耗费水平(第一步骤除外)，不能更好地满足这些步骤成本管理的要求。

(3)完工产品与在产品的界定

平行结转分步法中，同样需要将每一生产步骤的生产费用分配给完工产品和在产品。与逐步结转分步法不同，此处的在产品是<u>广义在产品</u>，包括本步骤在产品和本步骤已完工但尚未最终完工的后续步骤的在产品、半成品。

【总结】分步法的分类及特征如下。

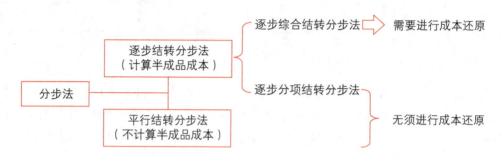

【例题40·单选题·北国会2015】采用逐步结转分步法的缺点是( )。
A. 能够提供各个生产步骤的半成品成本资料
B. 为各生产步骤的在产品实物管理及资金管理提供资料
C. 能够全面地反映各生产步骤的资产耗费水平
D. 逐步综合结转法要进行成本还原

【解析】采用综合结转法结转半成品成本，各步骤所耗的上一步骤生产的半成品的成本是以综合成本的形式反映的，最终计算出来的产成品成本，不能提供按原始成本项目反映的成本资料。因此，在管理上要求从整个企业角度分析和考核产品成本的构成及其水平时，还应当将综合结转算出的产成品成本进行成本还原，计算出按原始成本项目反映的产成品成本。

【答案】D

【例题41·单选题·北国会2014】下列关于平行结转分步法的表述，不正确的是( )。
A. 各步骤可以同时计算产品成本
B. 能够直接提供按原始成本项目反映的产成品成本资料
C. 不必进行成本还原，能够简化和加速成本计算工作
D. 能全面反映各步骤产品的生产耗费水平

【解析】采用平行结转分步法时由于各步骤间不结转半成品成本，所以不能提供各步骤半成品成本资料及各步骤所耗上一步半成品费用资料，因而不能全面地反映各步骤生产耗费的水平。

【答案】D

【例题42·多选题·西安石油大学2017】采用平行结转分步法不提供(   )。
A. 按原始成本项目反映的完工产品成本资料
B. 所耗上一步骤半成品成本的资料
C. 各步骤完工半成品成本的资料
D. 本步骤应计入完工产品成本份额的资料

【解析】采用平行结转分步法时由于各步骤间不结转半成品成本，所以不能提供各步骤半成品成本资料及各步骤所耗上一步骤半成品费用资料。

【答案】BC

【例题43·计算题·央财2017】某企业生产的W产品由A、B两种部件构成。甲车间生产A部件，乙车间生产B部件，丙车间将两种部件装配成W产品，每件W产品由A部件、B部件各一件组成。

某企业2015年7月份各车间生产资料如下。

(1)经过对各车间的在产品和产成品盘点发现：甲车间有100件在产品，乙车间有200件在产品，丙车间有300件在产品。本月完工的产成品有500件。

(2)各车间各项费用的月初和本月生产费用合计如下表。

单位：元

车间	直接材料	直接人工	制造费用	合计
甲车间	21 250	18 700	15 300	55 250
乙车间	18 900	14 400	9 900	43 200
丙车间	—	8 450	5 200	13 650

(3)各车间在产品的投料进度与完工进度完全一致，在产品的投料率与完工率均为50%。

要求：采用平行结转分步法完成下列事项。
(1)计算各车间广义在产品的约当产量；
(2)计算各车间生产成本计入产成品的"份额"；
(3)计算产成品总成本，并编制完工产品成本结转分录。

【答案】
(1)甲车间在产品约当产量＝100×50%＋300＝350(件)
乙车间在产品约当产量＝200×50%＋300＝400(件)
丙车间在产品约当产量＝300×50%＝150(件)
(2)甲车间直接材料费用分配率＝21 250÷(500＋350)＝25
甲车间直接人工费用分配率＝18 700÷(500＋350)＝22
甲车间制造费用分配率＝15 300÷(500＋350)＝18
甲车间应计入产成品的份额＝500×(25＋22＋18)＝32 500(元)
乙车间直接材料费用分配率＝18 900÷(500＋400)＝21
乙车间直接人工费用分配率＝14 400÷(400＋500)＝16

乙车间制造费用分配率＝9 900÷(400＋500)＝11

乙车间应计入产成品的份额＝500×(21＋16＋11)＝24 000(元)

丙车间直接人工费用分配率＝8 450÷(150＋500)＝13

丙车间制造费用分配率＝5 200÷(150＋500)＝8

丙车间应计入产成品的份额＝500×(13＋8)＝10 500(元)

(3)产成品总成本＝32 500＋24 000＋10 500＝67 000(元)

产成品中原材料成本＝500×(25＋21)＝23 000(元)

产成品中应付职工薪酬成本＝500×(22＋16＋13)＝25 500(元)

产成品中制造费用＝500×(18＋11＋8)＝18 500(元)

借：生产成本——基本生产成本　　　　　　　　　　　　　　　67 000
　　贷：原材料　　　　　　　　　　　　　　　　　　　　　　23 000
　　　　应付职工薪酬　　　　　　　　　　　　　　　　　　　25 500
　　　　制造费用　　　　　　　　　　　　　　　　　　　　　18 500
借：库存商品　　　　　　　　　　　　　　　　　　　　　　　67 000
　　贷：生产成本——基本生产成本　　　　　　　　　　　　　67 000

第三节　产品成本计算的辅助方法

除了三种基本方法外，企业还可以根据自己的实际情况和需要，应用一些产品成本计算的辅助方法。例如，在产品品种、规格繁多的企业，如针织厂、灯泡厂等，为了简化产品成本计算可以采用分类法进行计算。

产品成本计算的辅助方法仅仅是为了简化成本计算工作或加强成本管理，不能单独使用，必须与产品成本计算的基本方法结合起来使用。

要点	分类法	定额法	标准成本法
概念	按产品类别归集生产费用、计算成本，类别内不同品种或规格的产品的成本按照一定的分配方法分配确定	以定额成本为基础，根据定额成本、脱离定额差异和定额变动差异计算产品实际成本的一种成本管理和成本计算相结合的方法	指通过制定标准成本，将标准成本与实际成本进行比较获得成本差异，并对成本差异进行因素分析，据以加强成本控制的一种会计信息系统和成本控制系统
适用范围	产品品种、规格繁多，又可以按照一定标准划分若干类别的企业或车间	定额管理制度比较健全，定额管理工作的基础比较好，产品的生产已经定型，消耗定额比较准确、稳定	标准管理水平较高而且产品的成本标准比较准确、稳定，且其产品品种较少或产品品种变动不大的大批量生产企业

续表

要点	分类法	定额法	标准成本法
计算程序	①根据产品所用原材料和工艺技术的不同,将产品划分为若干类,按照类别进行产品成本核算 ②选择合理的分配标准,分类将每类产品的成本,在类内的各种产品间进行分配,计算每类产品中各种产品成本	①制定产品原材料、动力、工时等消耗定额 ②核算脱离定额差异 ③分配直接材料成本差异 ④核算定额变动差异 产品的实际成本=产品定额成本±脱离定额差异±材料成本差异±定额变动差异	①根据各成本项目特点制定标准成本 ②计算实际成本与标准成本之间的差额,确定和分析成本差异
优缺点	产品成本明细账可以只按产品类别开设,简化成本计算工作,便于分类掌握产品成本情况,但结果具有一定的假定性	利于加强成本控制,及时、有效地促进生产耗费的节约,降低产品成本。能较为合理、简便地解决完工产品和月末在产品之间分配费用的问题,但工作量较大	便于企业编制预算和进行预算控制,可以有效控制成本支出,利于责任会计的推行;但要求企业产品的成本标准比较准确、稳定,标准管理水平较高,系统维护成本较高

真题精练

一、单项选择题

1. (湖南大学 2023)下列各项中可以列入产品成本的开支是(　　)。
   A. 购置和建造无形资产的支出
   B. 购置和建造固定资产的支出
   C. 废品损失和停工损失
   D. 企业行政管理部门发生的各项费用

2. 甲制造业企业生产 A、B 两种产品共同消耗的燃料费用为 6 000 元,本月投产 A 产品 10 件,B 产品 20 件;A 产品燃料定额消耗量为 10 千克,B 产品燃料定额消耗量为 25 千克。则按定额消耗量比例分配计算的 B 产品应负担的燃料费用为(　　)元。
   A. 1 000　　　　B. 5 000　　　　C. 4 285.71　　　　D. 1 714.29

3. (西安工业大学 2020)产品成本计算中分批法的成本计算对象是(　　)。
   A. 产品成本　　　　　　　　　B. 产品批别
   C. 产品生产步骤　　　　　　　D. 产品品种

4. 甲制造业企业生产甲、乙两种产品,甲产品的单位定额工时为 30 小时,乙产品的单位定额工时为 50 小时。2020 年 9 月,甲企业生产甲、乙产品共发生生产工人职工薪酬 18 000 元。

本月生产甲产品200件，乙产品180件，假定按定额工时比例分配职工薪酬，则甲产品应分配的职工薪酬为(　　)元。

　　A. 10 800　　　　　　B. 9 473.68　　　　　　C. 7 200　　　　　　D. 6 750

5. 甲公司2020年1月份生产产品领用原材料2 000千克，单位成本为1.2元；确认生产人员工资5 000元，车间管理人员工资1 000元。假定不考虑其他因素，应直接计入"生产成本"科目的金额为(　　)元。

　　A. 2 400　　　　　　B. 7 000　　　　　　C. 7 400　　　　　　D. 8 400

6. 某企业2019年发生生产车间折旧费60万元，车间管理人员工资100万元，车间固定资产折旧费25万元，行政管理部门办公费10万元。则该企业当年应该计入"制造费用"科目的金额为(　　)万元。

　　A. 170　　　　　　B. 195　　　　　　C. 185　　　　　　D. 95

7. 完工产品和在产品的划分方法中使实际成本脱离定额的差异完全由完工产品负担的是(　　)。

　　A. 约当产量法

　　B. 定额比例法

　　C. 在产品成本按定额成本计算

　　D. 在产品成本按其所耗用的原材料费用计算

8. 月末完工产品成本和月末在产品成本之间的关系是(　　)。

　　A. 本月发生成本＝月初在产品成本＋本月完工产品成本－月末在产品成本

　　B. 月末在产品成本＝本月发生成本＋月初在产品成本－本月完工产品成本

　　C. 月末在产品成本＋月初在产品成本＝本月发生成本＋本月完工产品成本

　　D. 月初在产品成本＋本月完工产品成本＝本月发生成本＋月末在产品成本

9. 甲企业基本生产车间生产乙产品，依次经过三道工序，工时定额分别为40小时、35小时和25小时。月末完工产品和在产品成本采用约当产量法分配。假设制造费用随加工进度在每道工序陆续均匀发生，各工序月末在产品平均完工程度60%，第三道工序月末在产品数量6 000件。分配制造费用时，第三道工序在产品约当产量是(　　)件。

　　A. 3 660　　　　　　B. 3 450　　　　　　C. 6 000　　　　　　D. 5 400

10. 甲公司生产某种产品，需经过两道工序加工完成，公司不分步计算产品成本。该产品的定额工时为100小时，其中第1道工序的定额工时为20小时，第2道工序的定额工时为80小时。月末盘点时，第1道工序的在产品数量为100件，第2道工序的在产品数量为200件。如果各工序在产品的完工程度均按50%计算，月末在产品的约当产量为(　　)件。

　　A. 90　　　　　　B. 120　　　　　　C. 130　　　　　　D. 150

11. 甲公司生产甲、乙两种联产品。2018年9月，甲、乙产品在分离前发生联合成本32万元。甲产品在分离后无须继续加工，直接出售，销售总价30万元。乙产品需继续加工，尚需发生加工成本10万元，完工后销售总价20万元。采用可变现净值法分配联合成本，甲产品应分摊的联合成本是(　　)万元。

　　A. 8　　　　　　B. 12.8　　　　　　C. 19.2　　　　　　D. 24

12. 在使用同种原料生产主产品的同时，附带生产副产品的情况下，由于副产品价值相对较低，而且在全部产品价值中所占的比重较小，因此，在分配主产品和副产品的加工成本时（　　）。

    A. 通常先确定主产品的加工成本，然后再确定副产品的加工成本

    B. 通常先确定副产品的加工成本，然后再确定主产品的加工成本

    C. 通常先利用售价法分配主产品和副产品

    D. 通常先利用可变现净值法分配主产品和副产品

13. （黑龙江八一农垦大学 2022）以下项目中不属产品成本基本计算方法的是（　　）。

    A. 品种法　　　　　　　　　　B. 分批法

    C. 分步法　　　　　　　　　　D. 分类法

14. 甲制药厂正在试制生产某流感疫苗。为了核算此疫苗的试制生产成本，该企业最适合选择的成本计算方法是（　　）。

    A. 品种法　　　　　　　　　　B. 分步法

    C. 分批法　　　　　　　　　　D. 品种法与分步法相结合

15. （北国会 2015）下列各种产品成本计算方法，适用于单步骤、大量大批生产的是（　　）。

    A. 品种法　　　　　　　　　　B. 分批法

    C. 逐步结转分步法　　　　　　D. 平行结转分步法

16. 某大型发电企业，不能在技术上划分为步骤，对此企业适合采用的成本计算方法是（　　）。

    A. 分批法　　B. 品种法　　C. 分步法　　D. 定额法

17. 下列关于成本计算方法分批法的说法中，不正确的是（　　）。

    A. 成本核算对象是产品的批别

    B. 成本计算期与产品生产周期基本一致

    C. 成本计算期与财务报告期基本一致

    D. 在计算月末在产品成本时，一般不存在在完工产品与在产品之间分配成本的问题，而不是"不存在"。

18. 分批法下计算产品成本，以下月末在产品与完工产品之间的费用分配的说法中，不正确的是（　　）。

    A. 如果是单件生产，不存在完工产品与在产品之间费用分配问题

    B. 如果是小批生产，一般不存在完工产品与在产品之间的费用分配问题

    C. 如果批内产品跨月陆续完工，需要在完工产品和在产品之间分配费用

    D. 成本计算期与产品生产周期是一致的，不存在完工产品和在产品之间分配成本的问题

19. 下列关于成本计算分步法的表述中，正确的是（　　）。

    A. 逐步结转分步法不利于各步骤在产品的实物管理和成本管理

    B. 当企业经常对外销售半成品时，应采用平行结转分步法

    C. 采用逐步分项结转分步法时，无须进行成本还原

    D. 采用平行结转分步法时，无须将产品生产成本在完工产品和在产品之间进行分配

二、多项选择题

1. (西安石油大学2017)下列属于制造费用分配标准的有（　　）。
   A. 完工产品数量　　　　　　　　　B. 产品生产定额工时
   C. 生产工人工资　　　　　　　　　D. 车间管理人员工资

2. 企业生产费用在完工产品与在产品之间进行分配方法的选择是根据（　　）。
   A. 在产品数量的多少　　　　　　　B. 各月的在产品数量变化的大小
   C. 各项费用比重的大小　　　　　　D. 定额管理基础的好坏

3. (西安石油大学2017)以下属于品种法特征的有（　　）。
   A. 以产品的品种为成本计算对象　　B. 按月定期计算产品成本
   C. 一般适用于大量大批的生产　　　D. 成本计算期与生产周期一致

4. (西安石油大学2017)制造费用包括（　　）。
   A. 直接人工费用　　　　　　　　　B. 间接人工费用
   C. 间接生产费用　　　　　　　　　D. 间接生产费用和直接生产费用

5. (北国会2013)辅助生产费用的分配方法有（　　）。
   A. 计划成本分配法　　　　　　　　B. 交互分配法
   C. 代数分配法　　　　　　　　　　D. 直接分配法

6. (天津商业2015)完工产品与在产品之间分配费用的方法有（　　）。
   A. 约当产量比例法　　　　　　　　B. 交互分配法
   C. 固定成本计价法　　　　　　　　D. 定额比例法

三、判断题

1. (川大2017)采用顺序分配法分配辅助生产费用，其特点是受益少的先分配，受益多的后分配，先分配的辅助生产车间不负担后分配的辅助生产车间的费用。（　　）

2. (川大2017)同一企业的不同车间由于其生产特点和管理要求不同，可分别采用不同的成本计算方法。（　　）

四、计算题

1. (武汉工程大学2023)某公司生产甲产品和乙产品，共同耗用A材料14 400元，甲产品150件，乙产品120件，甲产品单位定额耗用20kg，乙产品单位定额耗用15kg，按照原材料定额消耗量比例分配原材料成本，填入下面的分配表并编制会计分录。

材料费用分配表

项目		共同耗用原材料的分配				
汇总账户	明细账户	产量/件	单位耗用定额/千克	定额耗用量/千克	分配率	应分配材料费用
基本生产成本	甲产品					
	乙产品					
	合计					

2. (陕西理工大学2022)某企业生产 A、B 两种产品，共同耗用燃料费用，其实际成本为 29 000 元。两种产品的燃料费用定额为：A 产品 20 元/件、B 产品 15 元/件；当月的实际产量为：A 产品 500 件、B 产品 300 件。

   要求：

   (1)采用定额费用比例法分配燃料费用；

   (2)编制耗用燃料的会计分录(分录中列示到明细科目及成本项目；该企业成本明细账不设"燃料及动力"成本项目；不专设"燃料"总账)。

3. (南京邮电大学2022)假设某基本生产车间生产甲产品的实用人工工时为 56 000 小时，生产乙产品的实用人工工时为 32 000 小时，本月发生制造费用 36 080 元。要求在甲、乙产品之间按照实用人工工时比例分配制造费用，并编制会计分录。

4. (陕西理工大学2021)某企业基本生产车间本月发生制造费用 280 000 元。本月甲产品完工 2 000 件，乙产品 5 000 件，每件甲产品消耗原材料 5 千克，每件乙产品消耗原材料 2 千克。

   要求：按实际材料耗用比例分摊制造费用。

5. 甲公司有锅炉和供电两个辅助生产车间，分别为基本生产车间和行政管理部门提供蒸汽和电力，两个辅助生产车间之间也相互提供产品，2013 年 9 月份的辅助生产及耗用情况如下。

   (1)辅助生产情况

项目	锅炉车间	供电车间
生产费用	60 000 元	100 000 元
生产数量	15 000 吨	200 000 度

   (2)各部门耗用辅助生产产品情况

耗用部门		锅炉车间	供电车间
辅助生产车间	锅炉车间		75 000 度
	供电车间	2 500 吨	
基本生产车间		12 000 吨	100 000 度
行政管理部门		500 吨	25 000 度

   要求：

   (1)分别采用直接分配法，交互分配法对辅助生产费用进行分配(结果填入下方表格中，不用列出计算过程)；

辅助生产费用分配表(直接分配法)　　　　　　单位：元

项目		锅炉车间	供电车间	合计
待分配费用				
分配	基本生产成本			
	管理费用			

辅助生产费用分配表（交互分配法）　　　　　　　　　　单位：元

项目		锅炉车间	供电车间	合计
对外分配辅助生产费用				
分配	基本生产成本			
	管理费用			

(2)说明直接分配法、交互分配法各自的优缺点，并指出甲公司适合采用哪种方法对辅助生产费用进行分配。

6.（辽宁大学2020）某种产品经三道工序制成，单位产品工时消耗定额为30小时，其中，第一道工序9小时，第二道工序12小时，第三道工序9小时。本月末，该产品第一道工序的在产品为200件，第二道工序的在产品为300件，第三道工序的在产品100件。各道工序内每件在产品在本工序的加工量，按其在本工序所需加工量（在本工序的工时定额）的50%折算。

要求：

(1)计算各工序的完工率；

(2)计算该种产品的月末在产品的约当产量。

7.（华北电力2021、上海海事2021）某工业企业生产甲产品，由三道生产工序加工制成，原材料在开始生产时一次投入，甲产品的工时定额50小时，其中第一道工序的工时定额10小时，第二道工序的工时定额20小时，第三道工序的工时定额20小时（各工序在产品在本工序的加工程度，按完成本工序所需加工量的50%计算）。期初在产品数量为零，本期完工产品数量100件，期末在产品数量200件，其中第一道工序在产品100件，第二道工序在产品50件，第三道工序在产品50件。本期为生产甲产品发生原材料费用60 000元，直接人工费用34 000元，制造费用51 000元。完工产品和在产品成本分配采用约当产量比例法（加权平均法）。

要求：

(1)计算各工序在产品完工程度和在产品约当产量；

(2)按照约当产量比例法（加权平均法）计算甲产品完工产品总成本和月末在产品总成本；

(3)编制完工产品入库的会计分录。

8.（青岛科技大学2020）FM公司采用分批法进行成本核算。2019年6月1日，厂房尚有1个订单未完成，信息如下：

项目	金额
直接材料	1 000元
直接人工	600元
制造费用	400元
生产成本合计	2 000元

6月份，厂房继续601订单的生产，同时开始订单号602和603两个新订单业务，生产成本信息如下：订单602、603分别领用材料2 000元、1 500元；期间，材料还在订单间进行了转移，包括：订单601转给订单602材料200元，订单603转给订单601材料600元；订单601、602、603分别耗用人工工时为200小时、200小时、100小时；假定每单位工时人工工资为3元，制造费用按照直接人工工时分配。在6月份，厂房经理的工资为1 000元，机器和设备的折旧费为500元。6月底，FM公司将3个订单全部完成并销售，订单601、602、603的销售量分别为100件、400件、500件。

要求：分别计算出6月完工的3个订单每个订单产品的单位成本。

9.（青岛科技大学2020）华光公司小批生产甲、乙两种产品，采用分批法计算成本，有关情况如下。

(1)1月份投产的批号如下。

0101批号：甲产品11台，本月投产，本月完工5台，2月全部完工。

0102批号：乙产品12台，本月投产，本月完工1台，2月全部完工。

(2)1月份和2月份各批号生产费用资料见下表。

生产费用分配表 单位：元

月份	批号	直接材料	直接人工	制造费用
1	0101	45 650	38 000	25 000
	0102	48 198	18 400	9 600
2	0101	—	15 000	9 825
	0102	—	42 590	19 993

0101批号的甲产品1月份完工数量占全部批量比重较大，完工产品与月末在产品之间采用约当产量比例法分配费用。原材料是在生产开始时一次投入，在产品的完工程度按50%计算。

0102批号的乙产品1月份完工数量少，完工产品按计划单位成本计价转出。其每台计划成本为：直接材料费用4 000元，直接人工费用5 000元，制造费用2 500元。

要求：

(1)根据上述资料，采用分批法计算0101批产品1、2月份完工产品和月末在产品成本，并登记产品成本明细账(表中数字要列出计算过程)；

产品成本明细账

产品批号：0101   投产日期：1月
产品名称：甲   批量：11台   完工日期：1月5台，2月6台
    单位：元

月	日	摘要	直接材料	直接人工	制造费用	合计
1	31	本月生产费用				
1	31	完工产品成本(5台)				

续表

月	日	摘要	直接材料	直接人工	制造费用	合计
1	31	完工产品单位成本				
1	31	月末在产品成本				
2	28	本月生产费用				
2	28	完工产品成本(6台)				
2	28	完工产品单位成本				

(2)根据上述资料，采用分批法计算0102批产品1、2月份完工产品和月末在产品成本，并登记产品成本明细账(表中数字要列出计算过程)。

产品成本明细账

产品批号：0102　　　　　　　　　　　　　　　　　　　　　　　投产日期：1月
产品名称：乙　　　　　　　　　　批量：12台　　　完工日期：1月1台，2月11台
　　　　　　　　　　　　　　　　　　　　　　　　　　　　　　　　单位：元

月	日	摘要	直接材料	直接人工	制造费用	合计
1	31	本月生产费用				
1	31	完工产品成本(1台)				
1	31	完工产品单位成本				
1	31	月末在产品成本				
2	28	本月生产费用				
2	28	完工产品成本(11台)				
2	28	完工产品单位成本				

(3)计算0101批号甲产品和0102批号乙产品的整批产品的总成本和单位成本。

10.(中南财经政法大学2017)K公司是一家机械制造企业，生产多种规格的厨房设备，按照客户订单要求分批组织生产。各种产品均需经过两个步骤加工，第一车间为机械加工车间，第二车间为装配车间。本月生产的601号和701号订单的有关资料如下：

(1)批号601生产甲产品：6月底第一车间在产品10台(6月份投产)；7月20日全部完工入库；月末两车间均无601号甲产品在产品。

(2)批号701生产乙产品：6月底无在产品，7月份投产8台，7月底3台完工入库，剩余5台为第一车间在产品(平均完工程度40%)。

生产601号和701号的直接材料均在各车间开始生产时一次投入，直接人工费用和制造费用在加工过程中陆续发生。

K公司采用分批法计算产品成本，各车间的直接人工费用和制造费用按实际加工工时在各

批产品之间进行分配,各批产品的生产费用采用约当产量法在完工产品(或半成品)和在产品之间进行分配。

7月份有关成本核算的资料如下。

(1)直接材料费用。

单位:元

批号	第一车间	第二车间	合计
601	—	24 000	24 000
701	67 200	28 800	96 000

(2)实际加工工时。

各车间除加工601号、701号订单产品外,还加工其他批别产品。

7月份实际加工工时资料见下表。

单位:小时

批号	第一车间	第二车间
601	3 000	2 600
701	4 000	2 800
其他批别产品	3 000	2 600
合计	10 000	8 000

(3)直接人工费用:第一车间发生直接人工费用100 000元,第二车间发生直接人工费用72 000元。

(4)制造费用:第一车间发生制造费用80 000元,第二车间发生制造费用56 000元。

(5)601号订单月初在产品成本。

单位:元

项目	直接材料	直接人工	制造费用	合计
月初在产品成本	56 000	14 000	15 200	85 200
其中:第一车间	56 000	14 000	15 200	85 200
第二车间	0	0	0	0

要求:

(1)计算填列601号订单的产品成本计算单(写出计算过程);

(2)计算填列701号订单的产品成本计算单(写出计算过程)。

11.(北京语言大学2023)某企业生产甲产品经过两个生产步骤,第一步骤的半成品直接交由第二步骤使用，一件甲产品耗用2件半成品。假定第一步骤本月转出半成品200件，总成本为70 000元，其中，直接材料50 000元，直接人工8 000元，制造费用12 000元；第二步骤本期完工甲产品80件，总成本为72 000元，其中，半成品56 000元，直接人工6 000元，制造费用10 000元。

要求：进行成本还原并计算完工产品成本。

12.(江西师范大学2023)某工厂生产A产品，分两个生产步骤连续加工，原材料在第一步骤开始时一次性投入，采用平行结转分步法计算成本，两个步骤的生产费用采用约当产量比例法分配给产成品和广义在产品。当期有关资料如下：

(1)第一步骤和第二步骤的产量资料。

单位：吨

生产步骤	完工产品	在产品	在产品完工率
第一步骤	600	100	60%
第二步骤	500	80	50%

(2)月初在产品成本。

单位：元

生产步骤	原材料	工资及福利费	制造费用	合计
第一步骤	5 000	3 100	3 400	11 500
第二步骤	—	450	480	930

(3)本月发生的生产费用。

单位：元

生产步骤	原材料	工资及福利费	制造费用	合计
第一步骤	29 000	9 500	10 400	48 900
第二步骤	—	3 600	3 300	6 900

要求：

(1)根据上述资料，计算各生产步骤应计入的产品成本份额和在产品成本；

(2)编制产品成本汇总表，计算完工产品总成本；

(3)编制完工产品入库的会计分录。

五、名词解释

1.(中国农业2017、湖南科技2017)约当产量法

2.(东南大学2014)制造费用

3.(陕西理工2022、南京农业2017)分批法

4.(吉林财经 2021)简化分批法

5.(南京农业 2018)联合成本

6.(北国会 2012)分步法

六、简答题

1.(辽宁石油化工大学 2020)成本计算对象有哪些?

2.(浙江农林 2023)成本对象是什么?企业通常设置哪些成本项目?企业是根据什么原则设置成本项目的?

3.(东北师范大学 2020)直接成本和间接成本的区别是什么?

4.(中南财经政法大学 2018)为正确计算产品成本,必须正确划分哪些费用的界限?期间费用和产品成本有什么区别?

5.(华北电力大学 2020)简述生产成本与制造费用的区别。

6.(青岛理工大学 2020)简述制造费用的内容。

7.(中央民族大学 2022)简要解释一下制造费用。

8.(华北电力大学 2020)产品成本(直接材料、直接人工、制造费用)是如何计算出来的?

9.(北京语言大学 2023)简述直接材料、直接人工、制造费用之间的联系和区别。

10.(云南财经 2023、新疆农业 2022、齐齐哈尔大学 2020、黑龙江八一农垦 2018)简述成本和费用的联系与区别。

11.(齐齐哈尔大学 2018)试述成本核算的程序。

12.(南京信息工程 2017、西安石油 2017、天津商业 2015、齐齐哈尔大学 2015)什么是辅助生产费用?它有哪些分配方法?

13.(沈阳化工大学 2022)简述辅助生产费用的分配方法。

14.(黑龙江八一农垦大学 2020)辅助生产费用分配最准确的方法是什么?简要说明其核算过程。

15.(沈阳化工大学 2022)谈谈对顺序分配法的理解。

16.(河南大学 2022、新疆财经 2020、桂林电子科技 2020)简述在产品和完工产品成本的分配方法。

17.(沈阳大学 2020)简述约当产量法的适用范围。

18.(湖南理工学院 2020)简述约当产量法的应用步骤。

19.(北京外国语大学 2022)联产品是什么?如何分配联合成本?

20.(中南财经政法大学 2018)简述产品成本计算的基本方法各包括哪些方法?各自的适用条件是什么?

21.(东南大学 2014、沈阳化工大学 2020、东华理工 2021)产品成本计算方法有哪些?分别适用于什么情况?

22.(上海大学管理学院 2020、西藏民族 2020、山东师范 2018)简述成本核算的方法。

23.(青海民族大学 2020)简述品种法的特点。

24.(新疆财经大学 2022)详细讲述品种法。

25.(新疆财经大学 2022)简述品种法的含义及意义。

26. (北京物资学院 2020)简要叙述分批法、分步法、品种法的特点。
27. (北国会 2013)简述分批法的含义、使用范围以及特点。
28. (郑州航空工业管理学院 2023)简述分批法的概念特征及适用对象。
29. (北国会 2014)简述分步法的概念、特点、适用范围和分类。
30. (吉林财经大学 2023)请问分步法是什么?与其他成本计算方法相比有什么区别?
31. (中南财经政法大学 2017)请你谈谈逐步结转分步法的含义以及特点。
32. (福州大学 2023)简述逐步结转分步法及适用范围。
33. (北京语言 2017)什么是平行结转分步法?这种方法的优缺点是什么?
34. (中南林业科技 2022、央财 2016)简述分批法与分步法的区别。
35. (青岛理工大学 2020)简述逐步分项结转分步法和逐步综合结转分步法的相同点、区别以及各自的优缺点。
36. (湖北经济学院 2020)简述成本还原的内容。
37. (天津商业大学 2023)简述成本还原过程。
38. (南京师范 2022、中南大学 2020)简述广义在产品和狭义在产品的范围。

第三篇

规划与决策篇

第三章 成本性态与变动成本法

考情点拨

大白话解释本章内容
还记得我们在第一章所学习的成本的分类吗？企业基于管理目的可以按照成本总量与业务量的关系(即成本性态)将成本分为：固定成本、变动成本和混合成本。 　　成本性态分析的意义十分重要，在此基础上还产生出一种全新的成本计算方法——变动成本法。两者作为管理会计的基础工具，是本量利分析、短期经营决策和全面预算的基础。
本章难度 ★★ **本章重要程度** ★★
本章复习策略
本章以简答题为主，涉及少量计算题。本章简答题的高频考点是成本按照成本性态划分的类型、每种类型下的进一步分类和在企业中的常见例子；变动成本法与完全成本法的区别、变动成本法的优缺点。计算题则主要考查变动成本法和完全成本法下税前利润的计算。

考点精讲

第一节 成本性态分析

◆ **考点 21 · 成本性态分析**

1. 成本性态含义

成本性态是指成本总额与业务量(产量、销量等)之间的内在关系。

2. 成本按照成本性态的分类

> **老丁翻译.**
>
> 管理会计中不再区分制造成本与非制造成本，而是将全部成本费用按照成本性态划分为固定成本、变动成本、混合成本，即固定成本、变动成本、混合成本中既包括制造成本也包括非制造成本。

(1)固定成本

固定成本是指总额在一定期间和一定业务量范围内，不受业务量变动的影响而保持固定不变的成本。

分类	含义及特点
约束性固定成本	约束性固定成本是企业管理当局的决策无法改变其支出数额的固定成本。 (1)是企业维持正常生产经营能力所必须负担的最低成本； (2)要想降低约束性固定成本，只能从合理利用经营能力，降低单位固定成本入手； (3)比如厂房及机器设备按直线法计提的折旧费、管理人员薪酬、财产保险费等
酌量性固定成本	酌量性固定成本是企业管理当局的决策可以改变其支出数额的固定成本。 (1)企业管理当局应权衡未来竞争力提升的利益与为取得未来竞争力所付出的现时成本，对酌量性固定成本做出合理决策； (2)比如员工培训费、广告费、研发费用等

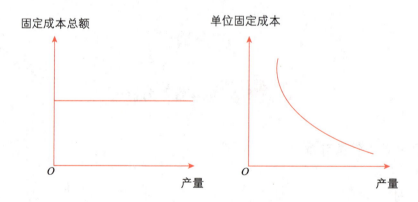

> **老丁翻译.**
>
> **固定成本的相关范围**
>
> 成本保持固定通常是在一定时期和业务量范围之内。
> 如果处于较长时期，所有成本都可能发生变化，即使约束性固定成本也可能随时间而

发生变化。例如，随着时间推移企业规模扩大、厂房增加、设备更新、行政管理人员增加等，均会增加折旧费用、财产保险费以及管理人员薪酬，使得固定成本的水平呈阶段性跃升。

同理，业务量一旦超过一定水平，企业也要扩大厂房、更新设备和增加行政管理人员，使得固定成本随着业务量的升高而上一个台阶。

所以，从长期来看，成本按性态划分是相对的：当原有的相关范围被打破，固定成本就不再是一成不变的。

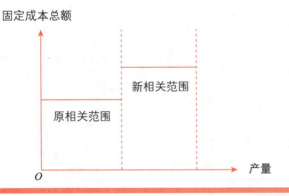

(2) 变动成本

变动成本是指在一定期间和业务量范围内其总额随着业务量的变动而呈正比例变动的成本。

分类	含义及特点
约束性变动成本	企业管理者的当前决策无法改变其支出数额的变动成本，如直接材料成本、直接人工成本等
酌量性变动成本	企业管理者可以根据管理决策改变其支出数额的变动成本，如按产量计酬的工人薪资、按收入一定比例计算的销售佣金等

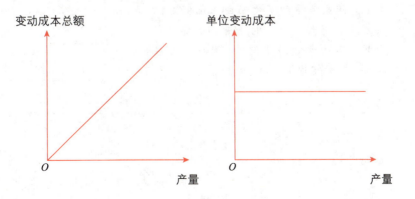

老丁翻译

变动成本的相关范围

如果超出了相关范围，变动成本同业务量的线性关系可能发生改变。

例如，当企业的<u>产量较小</u>时，单位产品的材料成本和人工成本可能比较高。但当<u>产量逐渐上升到一定范围</u>时，由于材料的利用可能更加充分、工人的作业安排可能更加合理等，单位产品的材料成本和人工成本会逐渐降下来。

而当<u>产量突破上述范围继续上升</u>时，可能使某些变动成本项目超量上升（如加倍支付给工人的加班工资）从而导致单位产品的变动成本由降转升。

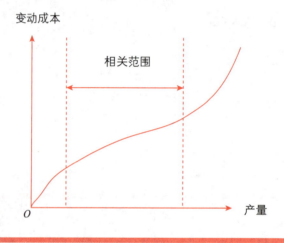

(3) 混合成本

混合成本是指成本总额虽受业务量的影响，但不存在严格的比例关系的成本。

分类	特点	函数图像
半变动成本/标准式混合成本	指在业务量为零时，成本为一个非零的基数；当业务发生时，成本以该基数为起点，随业务量的变化而成正比例变化的成本。例如：企业的电费、水费、电话费，其代表的函数关系，可通过 $y=a+bx$ 的数学模型表示	

续表

分类	特点	函数图像
半固定成本/阶梯式成本	在一定业务量范围内发生额不变，当业务量增长达到一定限额时，其发生额突然跃升到一个新的水平，然后在业务量增长的一定限度内，其发生额又保持不变，直到出现另一个新的跃升为止。例如：企业质检员、化验员的工资	
延期变动成本/低坡式混合成本	在业务量的某一临界点以下表现为固定成本，超过这一临界点则表现为变动成本。例如：企业支付给员工正常工作时间内的工资总额固定不变，但工作时间超过正常水平就需支付加班工资	

◆ 考点 22 · 混合成本的分解

1. 混合成本分解的方法

混合成本的分解通常采用历史成本法和账户分析法，考研复试中只考查历史成本法。

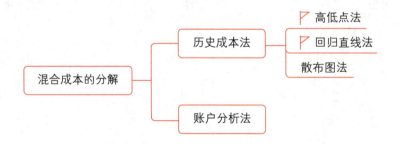

2. 历史成本法

历史成本法是根据历史成本数据所体现出的成本总额与业务量之间的依存关系拟合成本函数，找出成本总额中，哪一部分是变动成本，哪一部分是固定成本。主要包括高低点法、散布图法、回归直线法。

高低点法	概念：是以某一期间内最高业务量（即高点）的混合成本与最低业务量（即低点）的混合成本的差数，除以最高与最低业务量的差数，以确定业务量的成本变量（即单位业务量的变动成本额），进而确定混合成本中的变动成本部分和固定成本部分	
	公式：$y=a+bx$（半变动成本） y 代表一定期间半变动成本总额，x 代表业务量，a 代表半变动成本中的固定部分，b 代表半变动成本中依一定比率随业务量变动的部分（单位变动成本）	
散布图法	概念：散布图又称相关图，它是指用来研究两个变量之间是否存在相关关系的一种图形	
	步骤：在坐标图中，以横轴代表业务量 x，以纵轴代表混合成本 y，将各种业务量水平下的混合成本逐一标在坐标图上，然后通过目测，在各成本点之间画出一条反映成本变动平均趋势的直线（理论上这条直线距各成本点之间的离差平方和最小）。这条直线与纵轴的交点就是固定成本	
回归直线法	概念：运用最小平方法的原理，对所观测到的全部数据加以计算，从而勾画出最能代表平均成本水平的直线，这条通过回归分析而得到的直线就称为回归直线，用 $y=a+bx$ 表示，它的截距就是固定成本 a，斜率就是单位变动成本 b	
	公式： $$\sum y = na + b\sum x$$ $$b = \frac{n\sum xy - \sum x \sum y}{n\sum x^2 - (\sum x)^2}$$ $$a = \frac{\sum y - b\sum x}{n}$$	

【例题1·计算题】假定某企业去年12个月的产量和电费支出的有关数据见下表。

月份	产量/件	电费/元
1	800	2 000
2	600	1 700
3	900	2 250
4	1 000	2 550
5	800	2 150
6	1 100	2 750
7	1 000	2 460
8	1 000	2 520

续表

月份	产量/件	电费/元
9	900	2 320
10	700	1 950
11	1 100	2 650
12	1 200	2 900

要求：分别使用高低点法和回归直线法对混合成本进行分解。

【答案】

(1)根据上表可知，高点坐标为(1 200，2 900)、低点坐标为(600，1 700)

$b=\dfrac{2\ 900-1\ 700}{1\ 200-600}=2(元/件)$

$a=2\ 900-2\times 1\ 200=500(元)$

以数学模型来描述为 $y=500+2x$

(2)对题干数据加工整理，有关数据见下表

月份 n	产量 x_i/件	电费 y_i/元	$x_i \cdot y_i$	x_i^2
1	800	2 000	1 600 000	640 000
2	600	1 700	1 020 000	360 000
3	900	2 250	2 025 000	810 000
4	1 000	2 550	2 550 000	1 000 000
5	800	2 150	1 720 000	640 000
6	1 100	2 750	3 025 000	1 210 000
7	1 000	2 460	2 460 000	1 000 000
8	1 000	2 520	2 520 000	1 000 000
9	900	2 320	2 088 000	810 000
10	700	1 950	1 365 000	490 000
11	1 100	2 650	2 915 000	1 210 000
12	1 200	2 900	3 480 000	1 440 000
Σ	11 100	28 200	26 768 000	10 610 000

将上表中的有关数值代入式中，则有

$$b = \frac{n\sum xy - \sum x \sum y}{n\sum x^2 - (\sum x)^2}$$

$$= \frac{12 \times 26\,768\,000 - 11\,100 \times 28\,200}{12 \times 10\,610\,000 - (11\,100)^2}$$

$$= 1.99(元/件)$$

$$a = \frac{\sum y - b\sum x}{n} = \frac{28\,200 - 1.99 \times 11\,100}{12} = 509.25(元)$$

以数学模型来描述为 $y = 509.25 + 1.99x$

◆ 考点 23 · 成本性态分析的意义和局限性

意义	(1)是采用变动成本法的前提条件； (2)为进行本量利分析提供方便； (3)是正确制定经营决策的基础； (4)是正确评价企业各部门工作业绩的基础
局限性	(1)没有全面考虑影响成本变动的主要因素； (2)不能完全满足决策者的要求； (3)"成本与业务量之间完全线性联系"的假定不尽切合实际； (4)混合成本的分解方法有估计的成分

第二节 变动成本法与完全成本法

◆ 考点 24 · 变动成本法与完全成本法的概念

完全成本法	在产品成本的计算中，不仅包括产品生产过程中所消耗的直接材料、直接人工，还包括全部的制造费用
变动成本法	在产品成本的计算中，只包括产品生产过程中所消耗的直接材料、直接人工以及制造费用中的变动部分，而不包括制造费用中的固定部分。制造费用中的固定部分被视为期间费用从相应的收入中扣除

◆ **考点 25 · 变动成本法与完全成本法的区别**

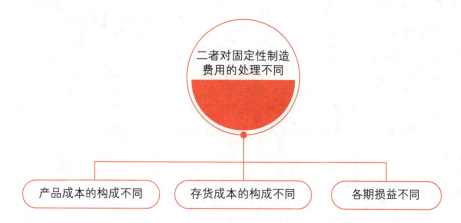

1. 产品成本的构成不同

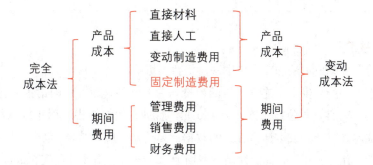

2. 存货成本的构成不同

方法	存货成本的构成
完全成本法	直接材料＋直接人工＋变动制造费用＋固定制造费用
变动成本法	直接材料＋直接人工＋变动制造费用

【例题 2·计算题】设某企业月初没有在产品和产成品存货。当月某种产品共生产 50 件，销售 40 件，月末结存 10 件。该种产品的制造成本资料和非制造成本资料如下表。

单位：元

成本项目	单位产品成本	总成本
直接材料	200	10 000
直接人工	60	3 000
变动性制造费用	20	1 000

续表

成本项目	单位产品成本	总成本
固定性制造费用	—	2 000
管理费用	—	4 000
销售费用	—	3 000
总计	—	23 000

要求：分别使用变动成本法和完全成本法计算单位产品成本和期间成本。

【答案】

变动成本法	单位产品成本＝200＋60＋20＝280（元） 期间成本＝2 000＋4 000＋3 000＝9 000（元）
完全成本法	单位产品成本＝200＋60＋20＋2 000/50＝320（元） 期间成本＝4 000＋3 000＝7 000（元）

3. 各期损益不同

下面举例说明变动成本法和完全成本法对损益的影响。

某企业从事单一产品生产，连续 4 年的产量均为 600 件，而 4 年的销售量分别为 600 件、500 件、650 件、650 件，单位产品售价为 150 元，管理费用与销售费用年度总额为 20 000 元且全部为固定成本。与产品成本计算有关的数据：单位产品变动成本（包括直接材料、直接人工和变动性制造费用）为 80 元，固定性制造费用为 12 000 元。分别使用完全成本法和变动成本法计算这 4 年的税前利润。

(1)第 1 年的税前利润如下。

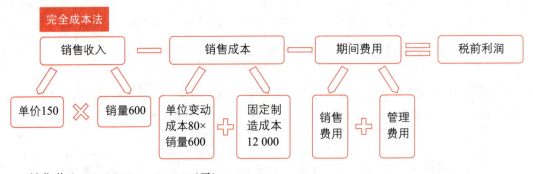

销售收入＝150×600＝90 000（元）

销售成本＝80×600＋12 000＝60 000（元）

期间费用＝销售费用＋管理费用＝20 000（元）

税前利润＝90 000－60 000－20 000＝10 000（元）

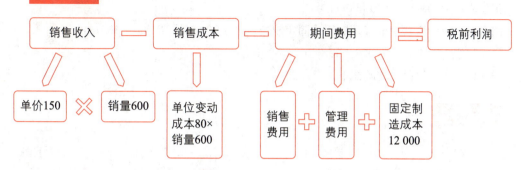

销售收入＝150×600＝90 000(元)

销售成本＝80×600＝48 000(元)

期间费用＝销售费用＋管理费用＋固定制造成本＝20 000＋12 000＝32 000(元)

税前利润＝90 000－48 000－32 000＝10 000(元)

(2)第2年的税前利润如下。

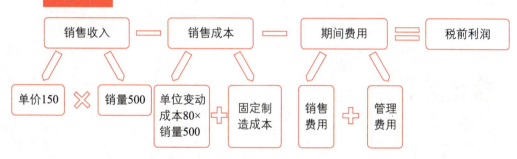

销售收入＝150×500＝75 000(元)

销售成本＝$80×500+12\,000×\dfrac{500}{600}$＝50 000(元)

期间费用＝销售费用＋管理费用＝20 000(元)

税前利润＝75 000－50 000－20 000＝5 000(元)

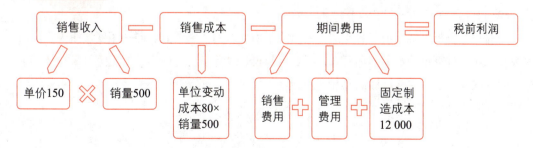

销售收入＝150×500＝75 000(元)

销售成本＝80×500＝40 000(元)

期间费用＝销售费用＋管理费用＋固定制造成本＝20 000＋12 000＝32 000(元)

税前利润＝75 000－40 000－32 000＝3 000(元)

(3)第3、4年的税前利润如下。

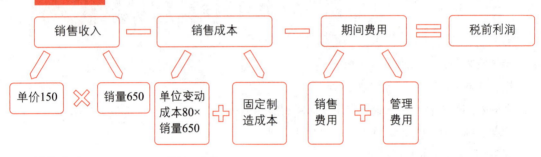

销售收入＝150×650＝97 500(元)

销售成本＝80×650＋12 000＋12 000×$\frac{50}{600}$＝65 000(元)

期间费用＝销售费用＋管理费用＝20 000(元)

税前利润＝97 500－65 000－20 000＝12 500(元)

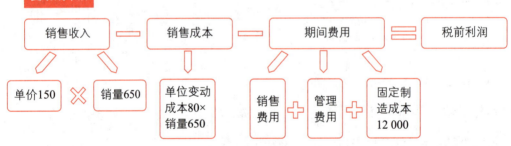

销售收入＝150×650＝97 500(元)

销售成本＝80×650＝52 000(元)

期间费用＝销售费用＋管理费用＋固定制造成本＝20 000＋12 000＝32 000(元)

税前利润＝97 500－52 000－32 000＝13 500(元)

通过以上分析可知，由于各年的产销量不平衡导致同一家企业、同一年度使用完全成本法和变动成本法计算出的税前利润存在差异。但从较长时期来看，各年产量与销售量总体是平衡的，两种成本法下总的税前利润不存在差异。

现将两种方法在不同产销量下损益情况归纳如下表。

情形	完全成本法	变动成本法
产量＝销量	损益相同（当期固定制造费用无论作为产品成本的一部分还是期间费用都已经全额计入当期损益）	
产量＞销量	损益大（当期固定制造费用根据销售数量结转进入当期损益，剩余库存负担另一部分固定制造费用）	损益小（当期固定制造费用全额计入当期损益）
产量＜销量	损益小（当期发生的固定制造费用全额计入产品成本另外前期存货承担的固定制造成本也要计入产品成本）	损益大（当期固定制造费用全额计入当期损益）

◆考点 26·变动成本法与完全成本法的相互转化

将上一个案例中企业 4 年的生产销售数据整理如下表。

项目	第一年	第二年	第三年	第四年	合计
期初存货/件	0	0	100	50	—
本期生产/件	600	600	600	600	2 400
本期销售/件	600	500	650	650	2 400
期末存货/件	0	100	50	0	—
变动成本法下的税前利润	10 000	3 000	13 500	13 500	40 000
完全成本法下的税前利润	10 000	5 000	12 500	12 500	40 000

从表中可以看出：第 2、3、4 年使用两种成本计算方法计算出的税前利润不同，那么两种成本计算方法是如何相互转化的？

年份	税前利润差异的原因	变动成本法→完全成本法	完全成本法→变动成本法
第二年	完全成本法中，期末 100 件产品存货"吸收"了固定制造费用 2 000 元（20 元/件×100 件）	3 000＋2 000＝5 000	5 000－2 000＝3 000

续表

年份	税前利润差异的原因	变动成本法→完全成本法	完全成本法→变动成本法
第三年	完全成本法中，期末50件产品存货"吸收"了固定制造费用1 000元（20元/件×50件），同时期初100件存货"释放"了固定制造费用2 000元（20元/件×100件）	13 500+1 000−2 000=12 500	12 500−1 000+2 000=13 500
第四年	完全成本法中，期初50件存货"释放"了固定制造费用1 000元（20元/件×50件）	13 500−1 000=12 500	12 500+1 000=13 500

> **老丁翻译**
>
> **期初存货、期末存货如何影响完全成本法下的税前利润**
>
> 期初存货"释放"的固定制造费用→成本增加、税前利润减少
>
> 期末存货"吸收"的固定制造费用→成本减少、税前利润增加

变动成本法下的税前利润和完全成本法下的税前利润的转化关系如下图。

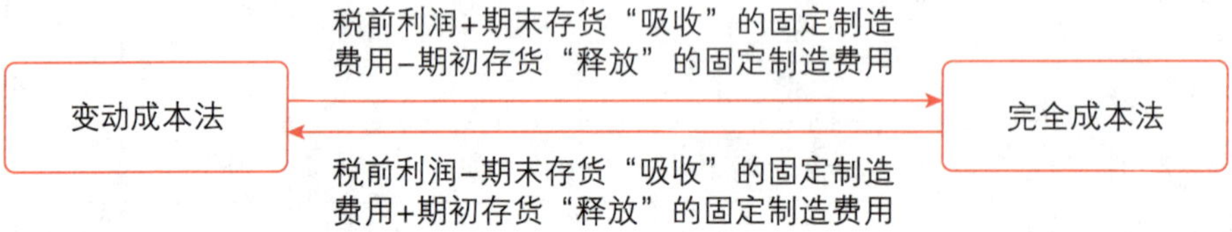

```
                税前利润+期末存货"吸收"的固定制造
                费用−期初存货"释放"的固定制造费用
    变动成本法 ←――――――――――――――――――――――→ 完全成本法
                税前利润−期末存货"吸收"的固定制造
                费用+期初存货"释放"的固定制造费用
```

◆考点27·变动成本法与完全成本法的特点对比

变动成本法	（1）以成本性态分析为基础计算产品成本； （2）强调不同的制造成本在补偿方式上存在着差异性：只有变动制造费用才与产品制造相关，构成产品成本，在产品销售收入中获得补偿。而固定制造费用与销售量无关，只与企业是否生产有关，不应列为产品制造成本，应作为期间费用处理； （3）强调销售环节对企业利润的贡献：企业利润只随着销售量的变化而变化，销量大则利润高

完全成本法	(1)符合公认会计准则的要求：成本核算应当反映企业全部的资源耗费； (2)强调固定制造费用和变动制造费用在成本补偿上的一致性：只要是与产品生产有关的耗费，均应从产品销售收入中得到补偿，固定制造费用不应被人为区别对待； (3)强调生产环节对企业利润的贡献：产量大则利润高，客观上有刺激产量扩张的作用

◆考点28·变动成本法的优缺点

优点	(1)可以简化成本计算，也可以避免固定性制造费用分摊中的主观臆断性； (2)能够揭示利润和业务量之间的正常关系，为企业预测前景、规划未来和(短期)经营决策服务； (3)消除了在完全成本法下，销售不变但可通过增加生产、调节库存来调节利润的问题，使管理者更加注重销售和市场； (4)为企业内部管理者提供有用的管理信息，便于分清各部门经济责任，有利于进行成本控制和业绩评价
缺点	(1)不利于财务会计报告(财务会计要求存货成本按全部制造成本报告)； (2)按成本性态将成本划分为固定成本与变动成本在很大程度上是假设的结果； (3)当面临长期决策的时候，变动成本法的作用会随决策期的延长而降低

真题精练

一、单项选择题

1.(广东工业大学2016)下列成本项目不属于固定成本的是(　　)。
   A. 广告费   B. 管理人员工资
   C. 计件工资形式下的生产人员工资   D. 房屋租赁费

2.(长沙理工大学2017)企业发生的全部成本中，属于酌量性成本的是(　　)。
   A. 可计入存货的成本   B. 资本化成本
   C. 广告成本   D. 直接人工成本

3.(长沙理工大学2017)如果某企业连续三年按变动成本法计算的营业利润分别为10 000元、12 000元和11 000元。则下列表述中唯一正确的是(　　)。
   A. 第二年的销量最大   B. 第三年的销量最小
   C. 第一年的产量比第二年少   D. 第二年的产量比第三年多

4. 如果企业采用变动成本法核算产品成本，产品成本的计算范围是（　　）。

　　A. 直接材料、直接人工

　　B. 直接材料、直接人工、间接制造费用

　　C. 直接材料、直接人工、变动制造费用

　　D. 直接材料、直接人工、变动制造费用、变动管理及销售费用

二、多项选择题

（天津工业大学2023）下列各项中，体现变动成本法局限性的有（　　）。

　　A. 按变动成本法计算的产品成本至少目前不符合税法的有关要求

　　B. 按成本性态将成本划分为固定成本与变动成本往往基于某种假设

　　C. 当面临长期决策的时候，变动成本法的作用会随着决策期的延长而降低

　　D. 变动成本法不利于进行各部门的业绩考评

　　E. 变动成本法使成本计算工作更加繁琐

三、计算题

1.（四川轻化工大学2019）某企业只生产一种产品，2013年5—12月份的产量和相关总成本的历史资料见下表。

月份	5月	6月	7月	8月	9月	10月	11月	12月
产量/件	18	20	19	16	22	25	28	21
总成本/元	6 000	6 600	6 500	5 200	7 000	7 900	8 200	6 800

要求：采用高低点法进行成本性态分析并写出成本性态模型。

2. 某公司生产一种产品，20×3年和20×4年的有关资料见下表。

项目	20×3年	20×4年
销售收入/元	1 000	1 500
产量/吨	300	200
年初产成品存货数量/吨	0	100
年末产成品存货数量/吨	100	0
固定制造费用/元	600	600
管理费用、销售费用（全部为固定成本）/元	150	150
单位变动成本/元	1.8	1.8

要求：

（1）采用完全成本法为该公司编制这两年的比较利润表，并说明为什么销售增加50%，税前利润反而大为减少？

(2)采用变动成本法根据相同的资料编制比较利润表,并将它同(1)中的比较利润表进行比较,指出哪一种成本法比较重视生产,哪一种比较重视销售?

3.(广东金融学院2023、山东工商学院2023)某企业本期资料如下:单位直接材料成本为10元,单位直接人工成本为5元,单位变动性制造费用为7元,固定性制造费用总额为4 000元,单位变动性销售与管理费用为4元,固定性销售与管理费用为1 000元。期初存货量为0,本期生产量为1 000件,销量为600件,单位售价为40元。

要求:

(1)使用完全成本法和变动成本法分别计算单位产品成本;

(2)使用完全成本法和变动成本法分别计算期间费用;

(3)使用完全成本法和变动成本法分别计算销售成本;

(4)使用完全成本法和变动成本法分别计算营业利润。

四、名词解释

1.(武汉轻工2023、武汉工程2023、东华理工大学2023、天津农学院2022、中央民族2022、湖北民族2021、上海大学悉尼工商学院2021、南京农业2018、湖南科技2017、东北师范2016、北京外国语2020)成本性态分析

2.(南京农业2023、南京信息工程2019、厦门大学2017、广东工业2016、中国石油大学(北京)2014、江西财经)变动成本

3.(天津财经2021、东北师范2017)固定成本

4.(北京第二外国语学院2020)约束性固定成本

5.(南京农业2018、河海大学2017)高低点法

6.(南京农业2017)延期变动成本

7.(天津财经大学2021)半变动成本

8.(天津财经大学2021)半固定成本

9.(南京邮电2022、佳木斯大学2022、黑龙江大学2021、武汉科技2020、浙江农林2020)变动成本法

10.(广东工业2023&2018)完全成本法

五、简答题

1.(广东技术师范2022、上海理工2022、陕西理工2022)什么是成本性态?成本按照性态可分成哪几类?

2.(中南林业科技2022、济南大学2022)谈谈对成本性态分析的理解。

3.(武汉纺织大学2023)成本按照成本性态可分成哪几类?

4.(广东外语外贸大学2023)成本性态是什么?成本按照成本性态可分成哪几类?分别有什么特点?

5.(上海大学悉尼工商学院2022)成本按照成本性态可以分成哪几类?这些类别之间有什么区别?

6.(浙江工商2018&2017)简述成本按照成本性态和用途分类的不同以及它们的作用。

7.(上海大学管理学院)成本按照成本性态可以分成哪几种?混合成本怎么分解?

8. (山东工商学院2022)简述变动成本和固定成本的区别。

9. (太原理工大学2020)什么是固定成本?如何降低单位产品固定成本?

10. (东北财经2018、南京师范2020、西安交通2020)什么是固定成本?固定成本可分成哪些类型?

11. (北京交通2014、河南科技大学2020)简述固定成本和变动成本的进一步分类。

12. (天津大学2020)什么是约束性固定成本?约束性固定成本对经营决策有什么影响?

13. (佳木斯大学2023)如何降低酌量性固定成本?

14. (新疆农业大学2022)简述固定成本、变动成本、混合成本之间的区别。

15. (哈尔滨理工2020)简述混合成本分解方法——高低点法的含义及优缺点。

16. (天津财经大学2021)举例说明混合成本是什么?

17. (新疆农业大学2022)什么是低坡型混合成本?

18. (天津财经大学2020)其他条件不变,固定成本增加,企业的利润会怎么变化?

19. (天津商业大学2023)谈谈你对变动成本法和完全成本法的理解。

20. (南京师范2022、吉林外国语2022、上海大学2022、天津财经2022、天津大学2020 中南财经政法2020、广东财经2020、长沙理工2020、青岛理工2020、青海民族2020、成都理工2020、东北师范2015、中南大学2011、重庆大学)简述变动成本法和完全成本法的区别。

21. (哈尔滨商业2016&2017、太原理工2020)简述变动成本法和完全成本法下成本的构成和二者的根本区别。

22. (天津财经大学2019)简述变动成本法的概念以及变动成本法和完全成本法的最大区别。

23. (中南民族大学2021)简述变动成本法和完全成本法下成本的计算公式、解释两种方法计算出的税前利润存在差异的原因。

24. (哈尔滨商业大学2021)简述变动成本法和完全成本法对损益的影响。

25. (江西财经大学)简述变动成本法在提供信息时的不足。

26. (天津大学2021、中国地质大学(武汉)2021、南华大学2020)简述变动成本法的定义、优点和局限性。

27. (山东工商学院2022)简述变动成本法的定义和优缺点。

28. (河南科技大学2021)简述变动成本法。

29. (东北师范大学2019)简述变动成本法的优缺点。

30. (广东外语外贸大学2023)简述变动成本法的优点。

31. (黑龙江大学2022)谈一谈变动成本法的具体意义。

32. (天津财经大学2021)简述完全成本法的优缺点。

33. (上海大学悉尼工商学院2022)简述变动成本法与完全成本法的含义,并回答以下成本费用:变动制造费用、固定制造费用、变动销售费用、固定销售费用、变动管理费用、固定管理费用,在两种成本计算方法下哪些计入产品成本?哪些计入期间费用?

34. (中南大学2011)为什么变动成本法中用边际效益而不是利润来衡量盈利情况?

04 第四章
本量利分析

考情点拨

大白话解释本章内容
企业经营者关心的问题无外乎就是：第一，销售多少产品能够保证不赔本？第二，如何实现狂赚一亿的小目标？第三，当企业受到不利因素影响导致销量下降时，对利润产生多大影响？ 　　本章所学的本量利分析就能轻松解决以上问题。所谓本量利分析就是对成本、业务量、利润之间关系的分析。经营者关心的三个问题分别是本量利分析中的保本分析、保利分析、敏感性分析。
本章难度 ★★ **本章重要程度** ★★★
本章复习策略
本章内容是历年各院校复试几乎都会考查的超高频考点，但考试难度却不高，属于管理会计中性价比No.1的知识点了。 　　考题以计算题和简答题为主，大家在学习中注意理解和把握下面的核心公式即可解决大部分考题：息税前利润＝单价×销售量－单位变动成本×销售量－固定成本。

考点精讲

第一节 本量利分析的基本原理

◆ **考点29 · 本量利分析的相关假设**

1. 本量利分析的含义

本量利分析（CVP：cost-volume-profit analysis）是对成本、业务量、利润之间的相互关系进行分析的简称，这一分析方法是在人们认识到成本可以也应该按性态进行划分的基础上发展起来的，主要研究业务量、价格、成本和利润之间的相互关系。

2. 本量利分析的假设

相关范围假设	期间假设和业务量假设，是在特定期间范围内和一定量业务范围内分析和计量的结果
模型线性假设	(1)固定成本不变假设； (2)单位变动成本不变，变动成本与产量呈完全线性关系假设； (3)销售单价不变，销售收入与销售量呈完全线性关系假设
产销平衡假设	期初与期末存货量无明显差别，产量等于销售量
品种结构不变假设	假设各种产品的销售收入在总收入中所占的比重不会发生变化

以上假设的背后都有一个共同的假设——<u>成本性态可分</u>，即企业的全部成本都可以合理地分解为固定成本和变动成本。

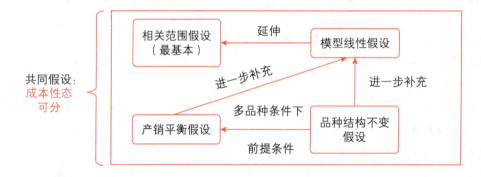

【例题1·单选题·河南财经政法大学2011】下列项目中，不属于本量利分析基本假设的是（　　）。

A. 销售收入与销售量呈完全线性关系　　B. 变动成本总额与产量呈完全线性关系
C. 固定成本保持不变　　D. 生产量大于销售量

【解析】选项D不满足产销平衡假设，即产量等于销售量。
【答案】D

◆ 考点30 · 本量利分析基本模型

通过上一章的学习，我们知道企业的成本、费用可按照成本性态分解为变动成本和固定成本，因此息税前利润可以改写成下图形式。

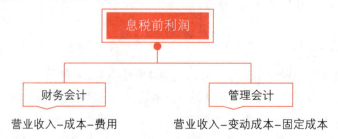

1. 基本损益方程式

$$息税前利润 = 营业收入 - 变动成本 - 固定成本$$
$$= 单价 \times 销量 - 单位变动成本 \times 销量 - 固定成本$$
$$= P \times Q - V \times Q - F$$
$$= (P - V) \times Q - F$$

上式中的成本是广义成本，既包括制造成本也包括非制造成本。

【例题2·计算题】某企业每月固定成本为2 000元，生产一种产品，单价为30元，单位变动成本为10元，本月计划销售500件，问预期利润是多少？

【答案】利润 = 单价×销量 - 单位变动成本×销量 - 固定成本
= 30×500 - 10×500 - 2 000
= 8 000(元)

2. 边际贡献方程式

(1) 边际贡献（贡献毛益）

它是产品销售收入或销售净收入在扣除其自身的变动成本之后，对企业盈利所作的贡献，用它补偿固定成本之后，尚有剩余的话，即为企业营业利润。如果不足以补偿企业所耗费的固定成本，两者之间的差额为企业营业亏损。

以下图为例，可以看出企业边际贡献的作用：覆盖固定成本、形成利润。

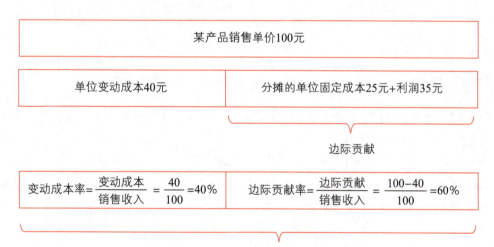

(2) 相关指标

相关指标	计算公式
单位边际贡献	单位边际贡献 = 单价 - 单位变动成本

续表

相关指标	计算公式
边际贡献	边际贡献＝销售收入－变动成本 　　　　＝(单价－单位变动成本)×销量 　　　　＝单位边际贡献×销量
边际贡献率	边际贡献率＝边际贡献/销售收入×100% 　　　　　＝单位边际贡献/单价×100% 【总结】变动成本率＋边际贡献率＝1
边际贡献方程式	息税前利润＝单位边际贡献×销量－固定成本 　　　　　＝销售收入×边际贡献率－固定成本

由于变动成本既包括生产制造过程的变动成本即产品的变动生产成本，还包括销售费用、管理费用中的变动成本即变动期间成本，所以，边际贡献也可以具体分为<u>制造边际贡献</u>和<u>产品边际贡献</u>。

制造边际贡献＝销售收入－变动生产成本
产品边际贡献＝制造边际贡献－变动销售管理费用

营业收入		
变动生产成本	制造边际贡献	
	变动销售管理费用	产品边际贡献

【注意】如果在"边际贡献"前未加任何定语，则是指"产品边际贡献"。

【例题3·单选题·广东工业大学2016】销售收入为20万元，边际贡献率为60%，其变动成本总额为(　　)万元。

A. 8　　　　　　B. 12　　　　　　C. 4　　　　　　D. 16

【解析】变动成本率＋边际贡献率＝1，变动成本＝营业收入×变动成本率，所以，变动成本总额＝20×(1－60%)＝8(万元)。

【答案】A

◆ 考点 31 · 保本分析

1. 保本点（盈亏临界点）的含义

保本点是企业收入和成本相等的经营状态，即边际贡献等于固定成本时企业所处的既不盈利也不亏损的状态。（企业的息税前利润为0时的保本量或保本额）

2. 保本点的基本计算指标

盈亏临界点销售量	盈亏临界点销售量 = $\dfrac{\text{固定成本}}{\text{单价} - \text{单位变动成本}}$
盈亏临界点销售额	盈亏临界点销售额 = 固定成本/边际贡献率 (息税前利润 = 销售额 × 边际贡献率 − 固定成本,令息税前利润 = 0)
盈亏临界点作业率	盈亏临界点作业率 = 盈亏临界点销售量 ÷ 正常销售量 × 100%

【例题4·计算题·长沙理工大学2023】某产品的单位成本为4元,单位变动成本为2.4元,月固定成本为3 200元,计算该产品的保本量和保本额。

【答案】

该产品的保本量 = $\dfrac{3\,200}{4-2.4}$ = 2 000(件)

该产品的保本额 = 4 × 2 000 = 8 000(元)

下图是根据例题4的有关资料绘制的基本的本量利关系图。

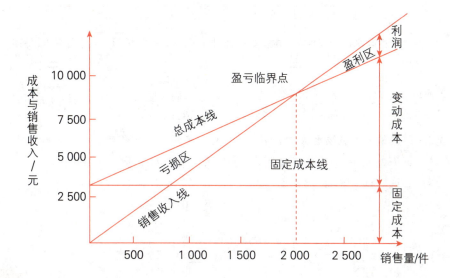

老丁翻译

1. 盈亏临界点销售量的计算公式推导

由保本点的定义:

息税前利润 = 单价 × 销售量 − 单位变动成本 × 销售量 − 固定成本 = 0

销售量 × (单价 − 单位变动成本) = 固定成本

销售量 = $\dfrac{\text{固定成本}}{\text{单价} - \text{单位变动成本}}$

2. 盈亏临界点销售额的计算公式推导

可类比数学中"已知部分的数量和占比，求解整体的数量"的计算：

3. 多品种下的保本分析

按照如下步骤计算。

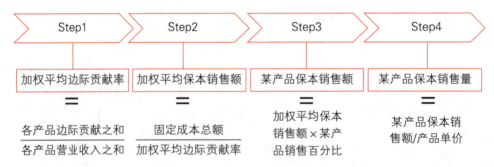

【例题5·单选题·中央财经大学2016】某企业生产甲产品单价为100元，单位变动成本为80元，乙产品单价为30元，单位变动成本为18元。甲产品产量为4 000件，乙产品产量为8 000件，则综合的贡献毛益率为（　　）。

A. 20%　　　　　　　　　　　　B. 40%
C. 60%　　　　　　　　　　　　D. 27.5%

【解析】综合贡献毛利率＝∑各产品边际贡献／∑各产品销售收入

$$=\frac{(100-80)\times 4\,000+(30-18)\times 8\,000}{100\times 4\,000+30\times 8\,000}\times 100\%=27.5\%。$$

【答案】D

4. 影响盈亏临界点的因素

影响因素	如何影响
固定成本总额	固定成本总额降低，导致盈亏临界点下降
单位变动成本	单位变动成本下降，导致盈亏临界点降低

续表

影响因素	如何影响
销售单价	销售单价越高，盈亏临界点越低
贡献毛益率（边际贡献率）	贡献毛益率低的产品的比重下降、贡献毛益率高的产品的比重上升，则盈亏临界点会降低

◆ **考点 32 · 安全边际**

项目	内容
含义	安全边际是指正常销售量或者现有销售量超过盈亏临界点销售量的差额。表明企业的销售量在超越了保本点的销售量之后的盈利空间，或者现有的销售量降低多少就会发生亏损
安全边际量	安全边际量＝现有或预计销售量－保本销售量 安全边际额＝现有或预计销售额－保本销售额
安全边际率	安全边际率＝安全边际量÷现有或预计销售量×100% 　　　　　＝安全边际额÷现有或预计销售额×100% 【总结】盈亏临界点作业率＋安全边际率＝1
意义	安全边际越大，企业发生亏损的可能性越小，风险越低

【例题6·单选题·河南财经政法大学2011】企业现有销售量超过保本点销售量的部分，称为（　　）

A. 边际贡献　　　　B. 安全边际　　　　C. 安全边际率　　　　D. 边际贡献率

【解析】考查安全边际的含义。

【答案】B

◆ **考点 33 · 息税前利润率**

项目	内容
推导原理	盈亏临界点状态意味着该点销售量下的边际贡献刚好全部为固定成本所抵消，只有销售量超过盈亏临界点销售量，其超出部分（即安全边际）所提供的边际贡献才能形成企业的利润。所以只有安全边际才能为企业提供利润，而盈亏临界点的销售量只能为企业收回固定成本，那么企业利润的计算可以借助安全边际这一概念

续表

推导公式	息税前利润＝安全边际销售数量×单位产品贡献毛益 　　　　＝安全边际销售数量×销售单价×(单位产品贡献毛益÷销售单价)×100％ 　　　　＝安全边际销售收入×贡献毛益率 将上式左右两边同时÷产品销售收入 　　得到：**息税前利润率＝安全边际率×贡献毛益率**

老丁翻译.

企业息税前利润的来源

企业要产生正的息税前利润，必须满足以下条件：

①卖的价高(单位边际贡献＞0)；

②卖的多(销售量＞保本点销售量)。

首先，产品的单位边际贡献必须大于0，即单价＞单位变动成本，否则，企业连变动成本都无法收回，不会产生正的息税前利润。

其次，盈亏临界点销售量产生的边际贡献刚好全部为固定成本所抵消，只有销售量超过盈亏临界点销售量，其超出部分(即安全边际)所提供的边际贡献才能形成企业的利润。

【**例题7·计算题**】设企业盈亏临界点的销售量为2 500件，预计正常销售量为4 000件，销售单价50元。求安全边际和安全边际率。

【**答案**】安全边际＝4 000－2 500＝1 500(件)

安全边际率＝1 500/4 000×100％＝37.5％

【**例题8·多选题·中央财经大学2016**】下列公式正确的有(　　　　)。

A. 安全边际率＝安全边际/现有销售量

B. 销售利润率＝安全边际率×贡献毛益率

C. 销售利润＝安全边际(实物量)×单位贡献毛益

D. 销售利润＝安全边际(金额)×贡献毛益率

E. 销售利润率＝安全边际率/贡献毛益率

【**解析**】销售利润率＝安全边际率×贡献毛益率，选项E错误。

【**答案**】ABCD

◆ 考点 34 · 保利分析

含义	计算公式
保利量 是使企业实现目标利润所需完成的业务量	保利量＝$\dfrac{\text{固定成本}+\text{目标利润}}{\text{单位边际贡献}}$
保利额 企业为实现既定的目标利润所需的业务额	保利额＝$\dfrac{\text{固定成本}+\text{目标利润}}{\text{单位边际贡献}}\times\text{单价}$ ＝保利量×单价 ＝$\dfrac{\text{固定成本}+\text{目标利润}}{\text{边际贡献率}}$

【注意】保利分析中的目标利润注意看题目中给出的条件是税后的还是税前的。本量利分析是在不考虑企业所得税的前提下才成立的，因此题目中若给出的是税后利润要换算成税前口径。

具体换算过程如下。

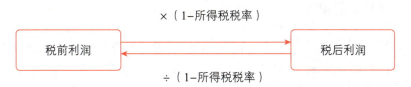

【例题9·计算题】某企业仅产销一种产品，销售单价为2元，单位变动成本为1.2元，固定成本为1 600元/月。

要求：

(1)若目标利润为1 500元，不存在所得税，计算保利量和保利额；

(2)若目标税后利润为1 500元，所得税率为25%，计算保利量和保利额。

【答案】

(1)保利量＝(1 600＋1 500)/(2－1.2)＝3 875(件)

边际贡献率＝(2－1.2)/2×100%＝40%

保利额＝(1 600＋1 500)/40%＝7 750(元)或3 875×2＝7 750(元)

(2)保利量＝[1 600＋1 500/(1－25%)]/(2－1.2)＝4 500(件)

边际贡献率＝(2－1.2)/2×100%＝40%

保利额＝[1 600＋1 500/(1－25%)]/40%＝9 000(元)

第二节　敏感性分析

在前述保本分析和保利分析中，隐含着一个假定，即除待求变量外的其他参数都是不变的。实际上，由于市场的变化和企业生产技术条件的变化，会引起模型中的参数发生变化，势必对原已计算的盈亏临界点、目标利润或目标销售量产生影响。

经营者希望预先掌握有关参数可能变化的影响程度，以便在变化发生时及时采取对策，调整企业计划，使生产经营活动始终控制在最有利的状态。敏感性分析是解决类似问题的一种可取的方法。

敏感性分析具体包括计算每个影响因素对利润影响的临界值与分析每个影响因素对利润的单独影响程度，即计算敏感系数。

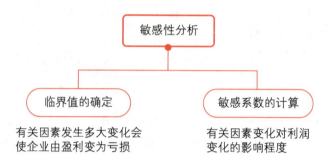

◆ 考点 35 · 临界值的确定

销售量、销售价格、单位变动成本和固定成本的变化，都会对利润产生影响。如果变化超出一定程度，企业就会由盈利变为亏损。

临界值就是计算达到盈亏临界点的销售量和销售价格的最小允许值以及单位变动成本和固定成本的最大允许值。

【例题 10 · 计算题】某企业只生产一种产品，单价为 2 元，单位变动成本 1.2 元，预计明年固定成本 40 000 元，产销量计划达 100 000 件。(没有利息支出和所得税)试确定有关参数发生多大变化使盈利转为亏？(单价 P、销量 Q、单位变动成本 V、固定成本 F)

【答案】
预计明年销售利润 $=100\,000\times(2-1.2)-40\,000=40\,000$(元)

(1) 设单价为 P

$100\,000\times(P-1.2)-40\,000=0$

$P=1.6$(元)

单价降低的百分比 $=\dfrac{2-1.6}{2}=20\%$，此时企业由盈利转入亏损

(2) 销售量最小值 $Q=\dfrac{40\,000}{2-1.2}=50\,000$(件)

销售量降低的百分比 $=\dfrac{100\,000-50\,000}{100\,000}=50\%$，此时企业由盈利转入亏损

(3)设单位变动成本为 V

$100\,000 \times (2-V) - 40\,000 = 0$

$V = 1.60(元)$

单位变动成本提高的百分比 $= \dfrac{1.6-1.2}{1.2} = 33\%$，此时企业由盈利转入亏损

(4)设固定成本为 F

$100\,000 \times (2-1.2) - F = 0$

$F = 80\,000(元)$

固定成本提高的百分比 $= \dfrac{80\,000 - 40\,000}{40\,000} = 100\%$，此时企业由盈利转入亏损

◆ 考点 36 · 敏感系数的计算

1. 基本公式

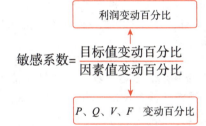

2. 计算步骤

(1)计算目标利润

(2)按照变化后的因素值(单价、单位变动成本、固定成本等)计算新的目标利润

(3)计算目标利润的变动百分比

(4)计算敏感系数

【总结】(1)敏感系数为正值的，表明它与利润为同向增减；敏感系数为负值的，表明它与利润为反向增减。

(2)敏感系数绝对值大于1，则属于敏感因素。

【例题11·计算题】某企业只生产一种产品，单价为2元，单位变动成本1.2元，预计明年固定成本40 000元，产销量计划达100 000件。(没有利息支出和所得税、设单价和单位变动成本均上升20%)计算单价和单位变动成本的敏感系数。

【答案】

目标利润 $=(2-1.2) \times 100\,000 - 40\,000 = 40\,000(元)$

(1)设单价增长 20%，$P = 2 \times (1+20\%) = 2.4(元)$

利润 $= 100\,000 \times (2.4-1.2) - 40\,000 = 80\,000(元)$

利润变动百分比＝(80 000－40 000)/40 000＝100%

单价的敏感系数＝$\frac{100\%}{20\%}$＝5

(2)设单位变动成本增长20%，V＝1.2×(1＋20%)＝1.44(元)

利润＝100 000×(2－1.44)－40 000＝16 000(元)

利润变动百分比＝(16 000－40 000)/40 000＝－60%

单位变动成本的敏感系数＝$\frac{-60\%}{20\%}$＝－3

◆ 考点 37 · 本量利分析的优点和局限性

优点	(1)可以对企业的保本点进行分析：为企业管理当局提供未来期间为防止亏损应完成的最小极限业务量信息，也为审视企业未来经营的安全程度和目标利润分析提供条件； (2)可以对企业的保利点进行分析：在产品销售价格和现有生产能力确定的情况下，预计确保完成目标利润能够实现而需要达到的销售收入和销售量； (3)通过敏感性分析，可以分析当一种因素发生变化时，目标值是如何变化以及变化的幅度有多大
局限性	本量利分析的理论和方法是建立在一系列<u>假设</u>基础上的，但在实际经济活动中，不可能完全满足这些条件，这就需要企业在实际运用本量利分析时，结合自身特点，适当修正模型

真题精练

一、单项选择题

1.(西藏民族大学2023)(　　)是本量利最基本的假设，是本量利分析的出发点。
   A. 相关范围假设　　　　　　　　　　B. 模型线性假设
   C. 产销平衡假设　　　　　　　　　　D. 品种结构不变假设

2. 某企业只生产一种产品，单位变动成本36元，固定成本总额4 000元，产品单价56元，要使安全边际率达到50%，该企业的销售量应达到(　　)件。
   A. 400　　　　　B. 222　　　　　C. 143　　　　　D. 500

3. 销售收入为20万元，边际贡献率为60%，其变动成本总额为(　　)万元。
   A. 8　　　　　　B. 12　　　　　C. 4　　　　　　D. 16

4. 某产品保本点为 1 000 台,实际销售 1 500 台,每台单位边际贡献为 10 元,则实际获利额为( )元。
   A. 15 000 B. 10 000 C. 25 000 D. 5 000

5. 某单位只生产一种产品,单价 6 元,单位变动生产成本 4 元,单位变动销售和变动管理成本 0.5 元,销量 500 件,则其产品边际贡献为( )元。
   A. 650 B. 750 C. 850 D. 950

6. (中央财经大学 2017)某企业甲产品产量 100 件,单位售价 100 元,单位产品变动生产成本 45 元,单位变动销售费用 7 元,单位变动管理费用 8 元,固定成本 2 000 元。则该产品的贡献毛益率为( )。
   A. 55% B. 45% C. 40% D. 20%

7. (北京国家会计学院 2015)根据本量利分析原理,只能提高安全边际而不会降低盈亏临界点的措施( )。
   A. 提高单价
   B. 增加产销量
   C. 降低单位变动成本
   D. 压缩固定成本

8. (长沙理工大学 2017)若某一企业的经营处于盈亏临界状态,错误的说法是( )。
   A. 此时销售额正处于销售收入线与总成本线的交点
   B. 此时的固定成本为 0
   C. 此时的营业销售利润率等于零
   D. 此时的边际贡献等于固定成本

9. (长沙理工大学 2018)某企业只经营一种销路不稳、单位边际贡献大于零、保本点销售量为 3 200 件的产品。下年度预测销售量为 2 000 件、3 000 件和 4 000 件的概率分别为 0.2、0.5 和 0.3,则当该产品销售量达到其数学期望值时,企业处于( )。
   A. 保本状态
   B. 盈亏不确定状态
   C. 盈利状态
   D. 亏损状态

10. (央财 2016)如果某种产品的专属固定成本增加,而单位变动成本和单位售价不变,那么贡献毛益和保本销售量将发生的变动分别为( )。
    A. 增加 减少
    B. 减少 增加
    C. 不变 增加
    D. 不变 不变

11. (长沙理工大学 2018)下列各项指标中,其数值越小,说明企业经营的安全程度越大的是( )。
    A. 安全边际率
    B. 销售利润率
    C. 边际贡献率
    D. 保本作业率

12. (广东工业大学 2016)下列各项中,其数值越小,说明企业的安全程度越大的是( )。
    A. 安全边际率
    B. 边际贡献率
    C. 盈利边际点
    D. 销售毛利率

13. (北京国家会计学院 2016)下列关于安全边际和边际贡献的表述中,不正确的是( )。
    A. 边际贡献的大小,与固定成本支出的多少无关
    B. 边际贡献率反映产品给企业做出贡献的能力
    C. 提高安全边际或提高边际贡献率,可以提高息税前利润

D. 降低安全边际率或边际贡献率,可以提高息税前利润率

二、多项选择题

1. (中央财经大学 2017)某公司单位变动成本 8 元,单价 12 元,固定成本 2 000 元,销售量 1 000 件,欲实现利润 3 000 元,该公司应采取的措施有(　　)。
   A. 单价提高 1 元
   B. 销量提高 125 件
   C. 单位变动成本降低 1 元
   D. 固定成本降低 500 元

2. (吉林财经大学 2023)本量利分析的基本假设有(　　)。
   A. 相关范围假设
   B. 模型线性假设
   C. 产销平衡假设
   D. 品种结构不变假设

三、计算题

1. (北京工商大学 2023)某公司只生产和销售一种产品,2020 年的单位变动成本为 12 元,变动成本总额为 60 000 元,营业利润为 18 000 元。若该公司计划 2021 年维持销售单价不变,变动成本率仍维持 40% 的水平。

   要求:

   (1)计算该企业 2020 年的销售量和保本销售量;

   (2)若 2021 年计划销售量比 2020 年提高 8%,则可获得多少营业利润?

2. (辽宁石油化工大学 2023)某公司只生产一种产品,2021 年销售收入为 1 000 万元,息税前利润为 100 万元,变动成本率为 60%。

   要求:

   (1)计算该公司 2021 年的固定成本;

   (2)2022 年该公司只追加 20 万元的广告费,其他条件均不变,计算该年的固定成本总额;

   (3)计算该公司 2022 年的保本额。

3. (辽宁石油化工大学 2022)某公司 2022 年预计销售某种产品 5 万件,若该产品变动成本率为 50%,安全边际率为 20%,单位贡献边际为 15 元。

   要求:

   (1)预测 2022 年保本销售额;

   (2)计算 2022 年的税前利润。

4. (四川轻化工大学 2019)某企业生产乙产品,售价为 60 元/件,单位变动成本 24 元,固定成本总额 100 000 元,当年产销量 20 000 件。试计算边际贡献总额、单位边际贡献、变动成本率与边际贡献率。

5. (江西财经大学 2021)某产品销售单价为 200 元,单位变动成本为 80 元,固定成本为 60 000 元。

   要求:

   (1)保本点销量和营业额;

   (2)若此时卖出 8 000 件,求 EBIT 和经营杠杆系数。

6. (宁波大学 2023、北京国家会计学院 2013)甲公司是一家生物制药企业,研发出一种专利产品。该产品投资项目已完成可行性分析,厂房建造和设备购置安装工作也已完成,新产品将

于 2016 年开始生产销售，目前，公司正对该项目进行盈亏平衡分析，相关资料如下：

(1)专利研发支出资本化金额 350 万，专利有效期 10 年，预计无残值，建造厂房使用的土地使用权，取得成本 300 万元，使用年限 30 年，预计无残值，两种资产均采用直线法计提摊销。厂房建造成本 500 万元，折旧年限 30 年，预计净残值率 10%，设备购置成本 100 万元，折旧年限 10 年，预计净残值率 5%，两种资产均采用直线法计提折旧。

(2)新产品销售价格每瓶 100 元，销量每年可达 10 万瓶，每瓶材料成本 20 元，变动制造费用 15 元，包装成本 9 元。公司管理人员实行固定工资制，生产工人和销售人员实行基本工资加提成制，预计新增管理人员 2 人，每人每年固定工资 5 万元，新增生产工人 15 人，人均月基本工资 1 500 元，生产计件工资每瓶 1 元；新增销售人员 5 人，人均月基本工资 1 500 元，销售提成每瓶 5 元。每年新增其他费用，财产保险费 6.5 万元，广告费 60 万元，职工培训费 10 万元，其他固定费用 8 万元。

(3)假设年生产量等于年销售量。

要求：

(1)计算新产品的年固定成本总额和单位变动成本；

(2)计算新产品的盈亏平衡点年销售量、安全边际率和年息税前利润。

7.(北京国家会计学院 2016)某企业生产销售普通电话和无绳电话两种产品，假定产销平衡，固定成本总额为 172 000 元，其他有关资料见下表。

产品	普通电话	无绳电话
产销量/件	5 000	10 000
单位售价/元	40	100
单位变动成本/元	25	40

要求：用加权平均法计算产品组合的盈亏临界点。

8.(北京国家会计学院 2015)甲公司生产 A、B、C 三种产品，三种产品共用一条生产线，该生产线每月生产能力为 12 800 机器小时，目前已经满负荷运转。为使公司利润最大，公司正在研究如何调整三种产品的生产结构，相关资料如下：

(1)公司每月固定制造费用为 400 000 元，每月固定管理费用为 247 500 元，每月固定销售费用为 300 000 元。

(2)三种产品当前的产销数据：

项目	产品 A	产品 B	产品 C
每月产销量/件	1 400	1 000	1 200
销售单价/元	600	900	800
单位变动成本/元	400	600	450
生产单位产品所需机器工时/小时	2	4	5

要求：计算当前 A、B、C 三种产品的边际贡献总额、加权平均边际贡献率、盈亏临界点的销售额。

9.(广东工业大学 2016)已知：广州公司设计出一种新产品，预计产品单位变动成本为 30 元，固定成本总额为 5 000 元，预计生产 1 000 件。

要求：

(1)该公司想税前获利 10 000 元，每件产品应定价多少？

(2)经过市场调查确定该产品售价只能是 40 元，如果税前目标利润仍为 10 000 元，该厂在不扩大销量的情况下采取什么措施较好？

(3)如果该产品售价 40 元，产品单位变动成本、固定成本总额不变，则需销售多少件产品才能获利 10 000 元？

(4)请简述管理会计在企业管理中应用的意义。

10.(长沙理工大学 2017)A 电子企业只生产销售甲产品。2016 年甲产品的生产量与销售量均为 10 000 件，单位售价为 300 元/件，全年变动成本为 1 500 000 元，固定成本为 500 000 元。预计 2017 年产销量将会增加到 12 000 件，总成本将会达到 2 300 000 元。假定单位售价与成本性态不变。

要求：

(1)计算 A 企业 2017 年下列指标：①目标利润；②单位变动成本；③变动成本率；④固定成本；

(2)若目标利润为 1 750 000 元，计算 A 企业 2017 年实现目标利润的销售额。

11.(财科所 2018)某企业生产 A 产品，已知其每件产品的单位变动成本是 10 元，固定成本总额是 25 000 元。单位售价为 15 元。

要求：

(1)计算企业在计划期内，需要销售多少件产品才能达到保本，此时销售额是多少？

(2)若企业在计划期内可销售 A 产品 10 000 件，企业可获得多少利润？

(3)若企业预计在计划期内取得税前利润 10 000 元，那么企业需要销售多少件产品？

12.(北京语言大学 2017)2016 年某公司因为刚成立，只能生产一种产品，年销售额为 1 200 万元，公司的变动成本率为 50%，税前利润可以到达 120 万。

要求：

(1)计算 2016 年固定成本；

(2)2017 年公司花费 30 万进行专利研发，但是此项费用并未资本化，计算 2017 年的固定成本；

(3)在新的成本条件下，其他条件未发生改变，求 2017 年的保本额。

四、名词解释

1.(内蒙古科技 2022、绍兴文理学院 2021、央财 2018、中国地质大学(武汉)2019)安全边际

2.(西藏民族 2023、内蒙古科技 2022、江西财经 2021、西南民族大学 2021、山西财经 2021、桂林电子科技 2020、四川轻化学 2020、财科所 2017、南京农业 2018、长沙理工 2019、延安大学 2019、武汉科技 2020)本量利分析

3.(武汉轻工 2023、成都理工 2022、广东技术师范 2022、上海大学管理学院 2020、燕山大学 2020、天津财经 2021、东北师范 2016)保本点

4.(绍兴文理学院2021)边际贡献

5.(江西财经大学2021)保本点销售额

6.(江西财经大学2021)保本点销售量

五、简答题

1.(中南大学2011)"保本点以上的边际效益就是利润",这句话正确吗?请说明原因。

2.(湖北民族大学2020)安全边际是什么?其相关的财务指标有哪些?

3.(沈阳建筑大学2020)什么是边际贡献?边际贡献分为哪两种?

4.(中国农业大学2017)借助基本的本量利分析图,简述盈亏临界点的位置、盈亏临界点与固定成本、变动成本、业务量、销售单价之间的关系。

5.(武汉纺织大学2023、天津大学2021、东北师范2016)本量利分析的假设有哪些?

6.(上海理工2022、四川轻化工大学2021、绍兴文理学院2021)什么是本量利分析?

7.(天津农学院2023、新疆财经2022、南京师范2022、长春工业2022、中国传媒大学2022)谈一谈你对本量利分析的理解。

8.(上海大学2023)简述本量利分析的原理。

9.(南京信息工程2021)简述本量利分析的含义、基本假设、常用变量和基本模型。

10.(上海大学2023)简述本量利分析的核心指标和计算公式、保本点的含义和计算公式。

11.(黑龙江八一农垦大学2022)通过本量利分析,息税前利润的影响因素有哪些?

12.(天津财经2021)"企业的安全边际越高,利润就越高。"这句话正确吗?请说明理由。

13.(天津财经2021)当其他条件不变,单位变动成本降低时,盈亏临界点和息税前利润将如何变化?

14.(哈尔滨商业2021)已知安全边际,如何计算息税前利润?

15.(天津财经大学2022)简述安全边际的含义和对企业的意义。

16.(央财2018)简述边际贡献的含义及其实际应用。

17.(西安工业2020)简述盈亏平衡点对企业决策的作用。

18.(北京印刷学院2020)简述盈亏平衡分析。

19.(上海大学2022)谈谈你对盈亏临界点分析的理解。

20.(天津大学2020)简述本量利分析和盈亏临界点的含义、研究盈亏临界点的意义。

21.(中央民族2023、新疆财经2022、天津工业2023)息税前利润和边际贡献有什么区别?

22.(广东外语外贸大学2020、北京印刷学院2020)什么是敏感性分析?

23.(哈尔滨商业2021)简述本量利分析中,价格和利润的敏感系数的计算过程以及对企业的经济意义。

第五章
短期经营决策

考情点拨

大白话解释本章内容
本章所解决的问题是企业站在短期维度如何做出经营决策。 　　所谓"短期"是指一年以内，一般不涉及固定资产投资和经营规模的改变。 　　经营决策包括生产决策和定价决策。生产决策主要解决：是否生产、生产什么、怎样生产的问题；生产出的产品需要确定合理的销售价格，这就要求企业进行定价决策。
本章难度 ★ **本章重要程度** ★★
本章复习策略
本章在管理会计中的考查频率仅次于本量利分析，也属于考频较高的内容。 　　考查题型有名词解释、简答题和计算题。名词解释主要考查各类相关成本与非相关成本的定义；简答题主要考查生产决策和定价决策的原则；计算题则围绕各类生产决策考查。 　　考试中生产决策的考查频率明显高于定价决策，复习重心放在哪里就不用多说了吧？生产决策的具体类型比较多，但只要把握其中的决策原则就足以应对考试。

考点精讲

第一节　短期经营决策概述

◆ **考点38** · 相关成本与非相关成本

1. 短期经营决策的含义

短期经营决策是指企业在<u>一年以内</u>或者<u>维持当前</u>的经营规模的条件下所进行的决策。其特点是在既定的规模条件下决定如何有效进行资源配置，以获得最大的经济效益，通常不包括固定资产(长期资产)投资和经营规模的改变。

2. 相关成本与非相关成本

企业决策就是从各个备选方案中选出最优方案。判断方案优劣的经济标准有两个：成本和经济效益。而成本又是影响经济效益高低的重要因素。因此，为了使企业的决策更加准确可靠，我们首先必须弄清各种成本同决策之间的关系。从<u>与企业决策是否相关</u>的角度划分，成本可分为两大类：相关成本与非相关成本。

划分相关成本与非相关成本，可以使企业在决策中避免把精力耗费在收集无关紧要的信息和资料上，减少得不偿失的劳动。

(1)相关成本

相关成本是与决策相关的成本，在分析评价时必须加以考虑，它随着决策的改变而改变。相关成本的表现形式如下。

相关成本	含义
边际成本	产量增加或减少一个单位所引起的成本变动
机会成本	实行本方案的一种代价，即失去所放弃方案的潜在收益
重置成本	指目前从市场上购置一项原有资产所需支付的成本，也可以称之为现时成本或现行成本，它带有现时估计的性质
付现成本	指需要在将来或最近期间支付现金的成本，是一种未来成本
可避免成本	当方案或者决策改变时，这项成本可以避免或其数额发生变化
可延缓成本	指同已经选定、但可以延期实施而不会影响大局的某方案相关联的成本
专属成本	指可以明确归属于某种、某批或某个部门的固定成本
差量成本	通常指两个备选方案的预期成本之间的差异数，亦称差别成本或差额成本

(2)非相关成本

非相关成本是与决策没有关联的成本，对未来决策没有影响，因此在决策分析中可以不考虑。非相关成本的表现形式如下。

非相关成本	含义
沉没成本	是指由于过去已经发生的，现在和未来的决策无法改变的成本
不可避免成本	是指通过管理决策行为而不能改变其数额的成本。约束性固定成本属于此类
不可延缓成本	是相对于可延缓成本而言的，它是指即使财力有限也必须在企业计划期间发生，否则就会影响企业大局的已选定方案的成本
共同成本	是指那些需由几种、几批或者有关部门共同分担的固定成本。共同成本具有共享性、基础性和无差别性等特征

第二节　生产决策

生产决策主要针对企业短期内(或者当前经营规模范围内)是否生产、生产什么、怎样组织生产等问题。

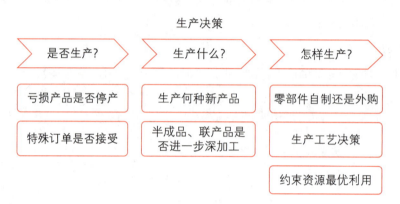

◆ 考点 39 · 生产决策的主要方法

生产决策常见的方法有差量分析法、边际贡献分析法、本量利分析法。

决策方法	决策标准	决策原则
差量分析法	差额利润=差额收入－差额成本 差额收入=方案 A 的相关收入－方案 B 的相关收入 差额成本=方案 A 的相关成本－方案 B 的相关成本	差额利润＞0，选择方案 A 差额利润＜0，选择方案 B 差额利润=0，两个方案无差别
边际贡献分析法	(1)如果决策中不涉及追加专属成本，可以直接比较边际贡献额的大小 边际贡献=销售收入－变动成本 (2)如果决策中涉及追加专属成本，则应比较各方案相关损益的大小 某方案的相关损益=边际贡献－专属成本=相关收入－相关成本	选择边际贡献额或相关损益最大的备选方案
本量利分析法	息税前利润=销售收入－变动成本－固定成本	选择息税前利润最高的方案

◆ 考点 40 · 亏损产品是否停产的决策

亏损产品是指按完全成本法确定的成本费用大于收入的产品。亏损产品不能直接做出停产的决策，需要经过下面的思考过程，最终做出决策。

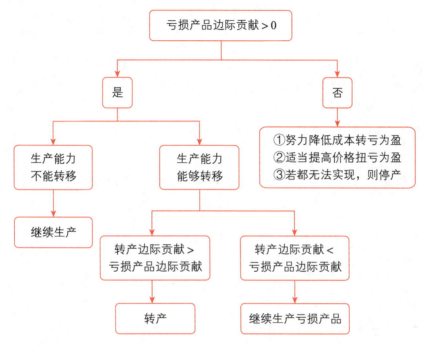

【注意】如果转产需要追加专属成本，则转产边际贡献＝收入－变动成本－专属成本。

【例题1·计算题】假定A企业生产甲、乙两种产品，两种产品的相关收益情况如下表所示。

单位：元

项目	甲产品	乙产品	合计
销售收入	10 000	50 000	60 000
变动成本	6 000	30 000	36 000
边际贡献	4 000	20 000	24 000
固定成本	2 000	25 000	27 000
营业利润	2 000	－5 000	－3 000

由于乙产品的营业利润为－5 000元，即亏损5 000元，因此，企业的管理层需要考虑是否应该停止乙产品的生产。

要求分别针对下述不同情况，帮助企业做决策：

(1)假设停产乙产品的剩余生产能力无法转移；

(2)假设停产乙产品的剩余生产能力可以转移，能够生产其他产品并能产生25 000元的边际贡献。

【答案】(1)停产乙产品的剩余生产能力无法转移时：

单位：元

项目	不停产	停产，剩余生产能力不转移
相关收入	60 000	10 000
相关成本	36 000＋27 000＝63 000	6 000＋27 000＝33 000
相关损益	－3 000	－23 000

乙产品虽然亏损，但仍能提供正的边际贡献。通过计算停产前后的相关损益可知，停产乙产品后企业的亏损将进一步扩大，因此乙产品不应停产

(2)停产乙产品的剩余生产能力可以转移时：

单位：元

项目	不停产	停产，剩余生产能力可以转移
相关收入	60 000	10 000
相关成本	36 000＋27 000＝63 000	6 000＋27 000＝33 000
转移带来的相关损益	—	25 000
相关损益	－3 000	2 000

由于停产的相关损益大，所以应该停产

◆考点41·特殊订单是否接受决策

企业往往会面对一些特殊的订货合同，这些订货合同的价格有时会低于市场价格，甚至低于完全成本法下的单位成本。

在决定是否接受这些特殊订货时，决策分析的基本思路是比较该订单所提供的<u>边际贡献</u>是否能够大于该订单所增加的<u>相关成本</u>。企业管理人员应针对各种不同情况，进行具体分析，并作出决策。

具体情况			接受订单的条件
是否影响正常销售	是否需要追加专属成本	剩余生产能力能否转移	
否	否	否	单价＞单位变动成本
否	是	否	边际贡献＞专属成本
否	否	是	边际贡献＞机会成本
是	否	否	边际贡献＞机会成本

【例题2·计算题·上海财经、江西财经】某企业A产品的生产能力为10 000件,目前的正常订货量为8 000件,销售单价10元,单位产品的成本为8元,成本构成如下表所示。

成本构成资料　　　　　　　　　　　　　单位：元

直接材料	3
直接人工	2
变动制造费用	1
固定制造费用	2
单位产品成本	8

现有客户向该企业追加订货,且客户只愿意出价每件7元,如果有关情况如下,请分别针对下述不同情况,分析企业是否应该接受该订单:

(1)如果订货2 000件,剩余生产能力无法转移,且追加订货不需要追加专属成本。

(2)如果订货2 000件,剩余生产能力无法转移,但需要追加一台专用设备,全年需要支付专属成本1 000元。

(3)如果订货2 500件,剩余生产能力无法转移,也不追加专属成本。

(4)如果订货2 500件,剩余生产能力可以对外出租,可获租金3 000元,另外追加订货需要追加专属成本1 000元。

【解析】①只要增加的相关收入＞增加的相关成本,就应该接受追加订单。

②相关成本不考虑固定性费用。

【答案】

(1)增加的相关收入＝7×2 000＝14 000(元)

增加的相关成本＝6×2 000＝12 000(元)

增加的相关利润＝14 000－12 000＝2 000(元)

接受该订单可以增加利润2 000元,应该接受该订单

(2)增加的相关收入＝7×2 000＝14 000(元)

增加的相关成本＝6×2 000＋1 000＝13 000(元)

增加的相关利润＝14 000－13 000＝1 000(元)

接受该订单可以增加利润1 000元。因此应该接受该订单

(3)增加的相关收入＝7×2 500＝17 500(元)

增加的相关成本＝变动成本＋丧失正常订单的机会成本

　　　　　　　＝6×2 500＋500×(10－6)＝17 000(元)

增加的相关利润＝17 500－17 000＝500(元)

接受该订单可以增加利润500元。因此应该接受该订单

(4)增加的相关收入＝7×2 500＝17 500(元)

增加的相关成本＝变动成本＋丧失的租金成本＋减少的正常销售的边际贡献＋专属成本

=6×2 500+3 000+500×(10-6)+1 000=21 000(元)

增加的相关利润=17 500-21 000=-3 500(元)

接受订单带来的差额利润为-3 500元,即减少利润3 500元,显然此时企业不应该接受该订单

◆ 考点42 · 生产何种新产品

如果企业有剩余的生产能力可供使用,或者可以利用过时老产品腾出来的生产能力,在有几种新产品可供选择时,一般采用边际贡献分析法进行决策。

情形	决策
不存在专属成本	选择边际贡献总额最大的方案
存在专属成本	选择剩余边际贡献总额(边际贡献总额减专属成本后的余额)最大的方案

【例题3·计算题】某企业原来生产甲、乙两种产品,现有丙、丁两种新产品可以投入生产,但剩余生产能力有限,只能将其中一种新产品投入生产。企业的固定成本为1 800元,并不因为新产品投产而增加。此外,生产丙产品需追加专属成本180元,生产丁产品需追加专属成本650元。各种产品的资料如下表所示。

项目	产品			
	甲	乙	丙	丁
产销数量/件	300	200	180	240
售价/元	10	8	6	9
单位变动成本/元	4	5	3	5

请问:该企业应当生产哪种产品?

【答案】分别计算丙、丁产品能够提供的边际贡献总额如下表。

边际贡献计算表

项目	产品	
	丙	丁
预计销售数量/件	180	240
售价/元	6	9
单位变动成本/元	3	5
单位边际贡献/元	3	4
边际贡献总额/元	540	960
专属固定成本/元	180	650
剩余边际贡献总额/元	360	310

在这种情况下,丙产品的剩余边际贡献总额比丁产品多 50 元,因此生产丙产品优于生产丁产品

◆ 考点 43 · 半成品(或联产品)是否进一步深加工

1. 半成品是否进一步深加工

当半成品可以对外销售时,存在直接出售半成品还是产成品的问题。在此类问题中,进一步加工前的收入和成本都与决策无关,无须考虑。

决策指标	加工后的增量收入、加工后的增量成本
决策原则	进一步加工后产成品的销售收入－半成品的销售收入＞进一步加工后产成品的成本－半成品的成本,则应进一步加工; 进一步加工后产成品的销售收入－半成品的销售收入＜进一步加工后产成品的成本－半成品的成本,则直接出售半成品

不同情况下进一步深加工的相关成本包括内容如下图。

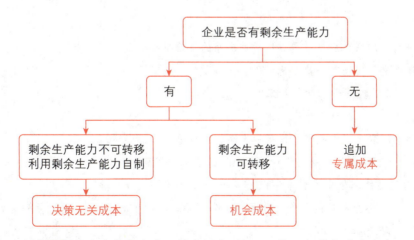

【例题 4·计算题】某企业每年生产、销售甲产品 3 800 件,每件变动成本为 16 元,每件固定成本为 1 元,售价为 24 元。如果把甲产品进一步加工成乙产品,售价可提高到 30 元,但单

位变动成本需增至20元,另外需发生专属固定成本800元。

【解析】单位固定成本1元在计算中未考虑,是因为这部分固定成本加工前、加工后均存在,属于与决策无关的沉没成本。

【答案】

增量收入=(30-24)×3 800=22 800(元)

增量成本=(20-16)×3 800+800=16 000(元)

由于增量收入>增量成本,因此进一步加工是有利的

2. 联产品是否进一步加工

在同一生产过程中生产出来的若干种经济价值较大的产品,称为联产品。有些联产品可在分离后就出售,有的则在分离后继续加工再出售。

决策指标	进一步加工后的销售收入、分离后的销售收入、可分成本
决策原则	进一步加工后的销售收入—分离后的销售收入>可分成本,则应进一步加工; 进一步加工后的销售收入—分离后的销售收入<可分成本,则应分离后即出售

【例题5·计算题】某企业生产的甲产品在继续加工过程中,可分离出A、B两种联产品。甲产品售价200元,单位变动成本140元。A产品分离后即予以销售,单位售价160元;B产品单位售价240元,可进一步加工成子产品销售,子产品售价360元,需追加单位变动成本62元。

要求:

(1)将分离前的联合成本按A、B两种产品的售价进行分配;

(2)A产品是否应当在分离后出售?

(3)B产品是否应当进一步深加工?

【答案】

(1)分离前的联合成本按A、B两种产品的售价分配:

A产品分离后的单位变动成本=140÷(160+240)×160=56(元)

B产品分离后的单位变动成本=140÷(160+240)×240=84(元)

(2)由于A产品分离后的售价160元大于分离后的单位变动成本56元,故分离后销售是有利的

(3)B产品的增量收入=360-240=120(元),大于可分成本62元,所以B产品进一步加工成子产品出售是有利的

◆ 考点 44 · 零部件自制与外购的决策

对于某些行业的企业来说，零部件可以自制也可以选择向外部供应商购买。例如，汽车制造企业所需要的汽车配件，可以自行生产，也可以向外部的零部件供应商采购。

零部件是自制还是外购，从短期经营决策的角度，需要比较两种方案的相关成本，选择成本较低的方案即可。

相关成本	外购	外购成本
	自制	视题目而定，相关成本考虑：自制的变动成本、转产的机会成本、需要追加的专属成本等

自制相关成本除变动成本外，还包括如下内容。

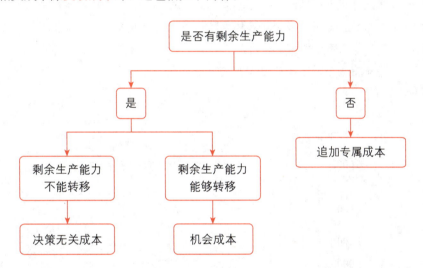

自制方案需增加专属固定成本的决策还可以通过计算成本无差别点帮助决策。

成本无差别点是指在该业务量水平上，两个不同方案的总成本相等，但当高于或低于该业务量水平时，不同方案则具有不同的业务量优势区域。

【例题 6·计算题】甲公司是一家汽车制造厂商，每年需要汽车轮胎 600 万个，外购汽车轮胎成本每个 300 元，企业已有的轮胎生产车间有能力制造这种轮胎，其中生产轮胎的单位变动成本为 210 元，单位固定性制造费用为 60 元。

要求：结合下列不相关的情况，分别作出汽车轮胎是自制还是外购的决策。

(1)如果公司现在具有足够的剩余生产能力，且剩余生产能力无法转移，即该生产车间不制造轮胎时，闲置下来的生产能力无法被用于其他方面；

(2)如果公司现在具备足够的剩余生产能力，但剩余生产能力可以转移用于加工自行车轮胎，每年可以节省轮胎的外购成本 150 000 万元；

(3)如果公司目前只有生产轮胎 400 万个的生产能力，且无法转移，若自制 600 万个，则需租入设备一台,月租金20万元,这样使轮胎的生产能力达到1 000万个。

【答案】

(1)自制相关成本=210×600=126 000(万元)

外购相关成本=300×600=180 000(万元)

自制相关成本<外购相关成本,应该自制

(2)自制相关成本=210×600+150 000=276 000(万元)

外购相关成本=300×600=180 000(万元)

自制相关成本>外购相关成本,应该外购

(3)自制相关成本=210×600+20×12=126 240(万元)

外购相关成本=300×600=180 000(万元)

自制相关成本<外购相关成本,应该自制

【例题7·计算题】某公司每年需用B零件860件,以前一直外购,购买价格为每件8.4元。现该公司有无法移作他用的多余生产能力可以用来生产B零件,但每年将增加专属固定成本1 200元,自制时单位变动成本为6元。

要求:计算并确定该公司下年度B零件是自制还是外购。

【解析】

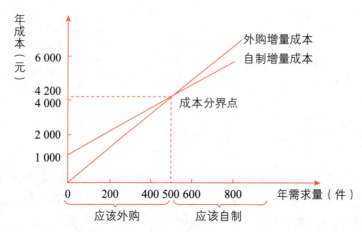

从上图可以看出,B零部件的需求量在500件以内时,应该外购;而当需求量超过500件时,则自制有利。由于该公司零部件的需求量为860件,因而自制有利。

【答案】

设:B零部件的年需求量为X,则

外购增量成本 $y=8.4X$

自制增量成本 $y=1\,200+6X$

当 $8.4X=1\,200+6X$ 时

$X=500$(件)

$X=860$ 时

外购增量成本 $y=8.4X=8.4×860=7\,224$(元)

自制增量成本 $y=1\,200+6X=1\,200+6\times 860=6\,360$（元）

此时采用自制方案相关成本更低

◆考点 45 · 生产工艺决策

生产工艺是指加工制造产品或零件所使用的机器、设备及加工方法的总称。同一种产品往往可以按不同的生产工艺进行加工。一般而言，生产工艺越先进，其固定成本越高，单位变动成本越低；而生产工艺落后时，其固定成本较低，但单位变动成本较高。

只要确定不同生产工艺的成本分界点（成本无差别点），就可以根据产量确定选择何种生产工艺最有利。

【例题 8·计算题】某公司计划生产甲产品，共有 A、B、C 三个不同的工艺方案，其成本资料如下表所示。

单位：元

工艺方案	专属固定成本	单位变动成本
A	700	5
B	600	6
C	800	2

要求：计算并确定该公司的生产工艺方案。

【答案】

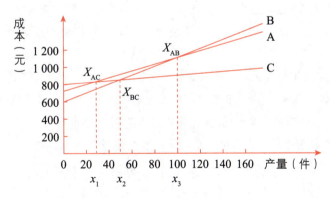

设 X_{AC}，X_{BC}，X_{AB} 三个成本分界点的产量分别为 x_1，x_2，x_3，则三个成本分界点的产量可计算如下：

$700+5x_1=800+2x_1$

$600+6x_2=800+2x_2$

$700+5x_3=600+6x_3$

解得

$x_1 = 33.3$（件）

$x_2 = 50$（件）

$x_3 = 100$（件）

于是，整个产量区域被划分为 0～33 件、33～50 件、50～100 件、100 件以上四个区域。从上图可以看出，在 0～50 件的区域内（含 0～33 件、33～50 件两个区域），B 方案成本最低，为最优方案；在 50 件以上的区域内（含 50～100 件、100 件以上两个区域），C 方案成本最低，是最优方案

◆ 考点 46·约束资源最优利用决策

约束资源，是指企业实际拥有的资源能力小于需要的资源能力的资源，即制约企业实现生产经营目标的瓶颈资源，如流动资金、原材料、劳动力、生产设备、技术等要素。

因资源有限，就存在企业如何来安排生产的问题，即优先生产哪种产品，才能最大限度地利用好约束资源，让企业产生最大的经济效益。

在这类决策中，通常是短期的日常的生产经营安排，因此固定成本对决策没有影响，或者影响很小。决策核心在于**如何安排生产才能使企业总的边际贡献最大**，这里需要运用一个核心指标：单位约束资源边际贡献。

决策指标	单位约束资源的边际贡献＝单位边际贡献/单位产品所需用的资源
决策原则	优先安排"单位约束资源的边际贡献"最大的方案

【例题 9·计算题·中国石油大学（北京）2018】 甲公司是一家智能机器人制造企业生产 A、B、C 三种型号机器人。最近几年该行业变化较大，公司正进行生产经营的调整和决策。相关资料如下：

(1) 预计 2018 年 A 型机器人销售 1 500 台，单位售价 24 万元，单位变动成本 14 万元；B 型机器人销量 1 000 台，单位售价 18 万元，单位变动成本 10 万元；C 型机器人销量 2 500 台，单位售价 16 万元，单位变动成本 10 万元；固定成本总额 10 200 万元。

(2) A、B、C 三种型号机器人都需要通过同一台关键设备加工，该设备是公司的关键约束资源，该设备的加工能力为 5 000 小时，A、B、C 三种型号机器人利用该设备进行加工的时间分别为 1 小时、2 小时和 1 小时。

要求：为有效利用关键设备，该公司 2018 年 A、B、C 三种型号机器人各应生产多少台？在此基础上营业利润总计多少？

【答案】

A 型号机器人每小时边际贡献＝(24－14)/1＝10(万元)

B 型号机器人每小时边际贡献＝(18－10)/2＝4(万元)

C 型号机器人每小时边际贡献＝(16－10)/1＝6(万元)

在设备总的加工能力 5 000 小时内,按照每小时边际贡献由大到小排序,优先 A 型号机器人生产 1 500 台,占用 1 500 小时,C 型号机器人 2 500 台,占用 2 500 小时,剩下 B 型号机器人只能生产 500 台,占用 1 000 小时(2×500)

营业利润总计=1 500×(24-14)+500×(18-10)+2 500×(16-10)-10 200=23 800(万元)

第三节 定价决策

考点 47·产品销售定价决策

1. 成本加成定价法

从长期来看,销售收入必须足以弥补全部的生产、行政管理和营销成本,并为投资者提供合理的利润,以维持企业的生存和发展。因此,产品的价格应该是在成本的基础上进行一定的加成后得到的。

成本加成定价法的基本思路是先计算成本(即成本基数),然后在此基础上加上一定的"成数",通过"成数"获得预期的利润,以此得到产品的目标价格。根据成本基数的不同,成本加成法具体分为完全成本加成法和变动成本加成法。

要点	完全成本加成法	变动成本加成法
成本基数	直接材料	直接材料
	直接人工	直接人工
	变动制造费用	变动制造费用
	固定制造费用	变动销管费用
成数	变动销管费用	固定制造费用
	固定销管费用	固定销管费用
	预期利润	预期利润

老丁翻译

完全成本加成法和完全成本法、变动成本加成法和变动成本法的区别

大家学到完全成本加成法和变动成本加成法的时候是不是有种似曾相识的感觉呢?没错,这两种方法与前面所学的完全成本法和变动成本法很像,在这里给大家比较一下:

完全成本法下的产品成本=直接材料+直接人工+变动制造费用+固定制造费用
完全成本加成法下的成本基数=直接材料+直接人工+变动制造费用+固定制造费用

> 变动成本法下的产品成本＝直接材料＋直接人工＋变动制造费用
> 变动成本加成法下的成本基数＝直接材料＋直接人工＋变动制造费用＋变动销管费用
>
> 通过以上的对比,不难发现:
> 完全成本法下的产品成本＝完全成本加成法下的成本基数
> 变动成本法下的产品成本≠变动成本加成法下的成本基数

【例题 10 · 计算题】 某公司正在研究某种新产品的定价问题,该产品预计年产量为 10 000 件。公司的会计部门收集到有关该产品的预计成本资料如下表所示。

单位：元

成本项目	单位产品成本	总成本
直接材料	6	60 000
直接人工	4	40 000
变动制造费用	3	30 000
固定制造费用	7	70 000
变动销售及管理费用	2	20 000
固定销售及管理费用	1	10 000

要求：

(1)假定该公司经过研究确定在制造成本的基础上,加成 50% 作为这项产品的目标销售价格,计算此时产品的销售价格;

(2)假设该公司经研究决定采用变动成本加成法,在变动成本的基础上,加成 100% 作为该产品的目标销售价格,计算此时产品的销售价格。

【答案】

(1)产品的单位制造成本＝6＋4＋10＝20(元)

产品的单位销售价格＝20＋20×50%＝30(元)

(2)产品的单位变动成本基数＝6＋4＋3＋2＝15(元)

产品的单位制造成本＝15＋15×100%＝30(元)

2. 市场定价法

对于有活跃市场的产品,可以根据市场价格来定价,或者根据市场上同类或者相似产品的价格来定价。

3. 产品生命周期的价格策略

产品生命周期是指某种产品从投入市场开始直到退出市场为止的整个过程,一般可以分为投入期、成长期、成熟期和衰退期。

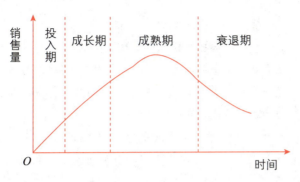

在不同生命周期，产品的质量、成本、产销量、竞争和需求者的评价都存在差异，应当采取不同的价格策略。

产品生命周期的价格策略

周期	产品、竞争、用户的评价	价格策略
投入期	结构和工艺尚未定型，质量不稳定；竞争者较少；用户对产品缺乏了解、信任	①撇脂策略：在新产品试销初期先定出较高的价格，以后随着市场的逐步扩大，再逐步把价格降低； ②渗透策略：在新产品试销初期以较低的价格进入市场，以期迅速获得市场份额，等到市场地位已经较为稳固的时候，再逐步提高销售价格
成长期	技术日趋成熟、质量基本稳定；产品为用户熟悉，占有较大竞争优势	采取目标价格策略，目标利润率高于整个生命周期的平均利润率，为今后采取竞争价格策略创造条件
成熟期	大量竞争者进入市场，竞争日益激烈，市场需求接近饱和	采取竞争价格策略： ①对竞争条件较差的对手：低价倾销； ②对竞争条件较强的对手：你提我也提，你降我也降； ③对竞争条件相当的对手：在维修、备品备件等方面提供更优越的条件，维持原有的市场占有率
成熟期	用户转向购买新产品，市场需求逐渐缩小	①维持价格策略：不做较大幅度的降价，搭配数量折扣、金额折扣、馈赠礼品等手段，延长产品生命周期； ②变动成本价格策略：以单位变动成本作为最低价格，以产品的边际贡献弥补一部分固定成本，为整个企业的盈利增加做贡献

> **老丁翻译**
>
> **撇脂定价法的原理和案例**
>
> 　　撇脂，顾名思义就像从牛奶中撇取奶油一样，是对市场的榨取，新推出产品利用部分消费者的求新心理，定一个高价，像撇取牛奶中的脂肪层那样先从他们那里取得高额利润，然后再把价格降下来，以适应大众的需求水平。
>
> 　　宝洁公司进入中国时对旗下海飞丝洗发水的定价就采取了这种策略。1998年，海飞丝洗发水是被当作奢侈品来卖的。人均月工资100元出头的时候，海飞丝一瓶卖28元，都够一个月的买菜钱了。

真题精练

一、计算题

1.（青岛科技大学2022）某企业正常产销甲产品2 000台，销售单价为200元，单位变动成本140元。现有一企业追加订货，发出订单500台，报价170元/台。请计算并回答在下列情况下该企业应如何决策：

(1)如果该企业最大产能3 000台，剩余产能不能转移，且追加订货不增加专属成本；

(2)如果该企业最大产能2 200台，且追加订货不增加专属成本；

(3)如果该企业最大产能2 500台，追加订货增加专属成本2 000元；若不接受追加订货，该部分产能可以出租，租金5 000元；

(4)如果该企业最大产能2 400台，追加订货增加专属成本3 000元；若不接受追加订货，该部分产能可以承揽零星业务，预计可获得边际贡献4 000元。

2.（青岛理工大学2022）兴达公司是一家越野用山地自行车制造商，每年制造自行车需要外胎10 000个，外购成本每条58元，自制外胎的相关单位成本资料如下表所示。

相关单位成本资料　　　　　　　　　　　　　　　　单位：元

直接材料	32
直接人工	12
变动制造费用	7
固定制造费用	10

基于下列各种情况，分别作出该自行车外胎是自制还是外购的决策：

(1)公司现在具有足够的剩余生产能力，且剩余生产能力无法转移；

(2)公司现在具备足够的剩余生产能力，但剩余生产能力可以转移用于加工自行车内胎，每年可以节省内胎的外购成本20 000元。

3. (黑龙江八一农垦大学 2020)某企业组织多品种产品的生产，2019 年甲产品发生亏损 10 000 元。已知该年甲产品的完全成本为 30 000 元，本期变动成本率为 80%。假定 2020 年甲产品的市场容量、价格和成本水平均不变。要求就以下不相关情况作出 2020 年是否继续生产甲产品的决策：

(1)停产后的相对剩余生产能力无法转移；

(2)停产后的相对剩余生产能力可以转移，若将闲置设备对外出租，1 年可获得租金收入 5 000 元。

4. (辽宁大学 2020)某公司需要零件 4 000 件，若要自制，单位变动成本为 10 元，若要外购，则单位价格为 12 元。如果外购该零件，则腾出来的生产能力可以出租，每年租金 3 000 元。要求：做出该零件自制或是外购的决策。

5. (辽宁石油化工大学 2020)已知某企业每年需要 A 零件 2 000 件，原由金工车间组织生产，年总成本为 19 000 元，其中固定生产成本为 7 000 元，如果改从市场上采购，单位成本 8 元，同时将生产力用于加工 B 零件，可节约外购成本 2 000 元。

要求：为企业自制或是外购做决策，并说明理由。

二、名词解释

1. (上海大学悉尼工商学院 2022、天津理工大学 2022)相关成本
2. (上海大学悉尼工商学院 2022、天津理工大学 2022)无关成本
3. (中南林业科技大学 2022、东北石油大学 2022)机会成本
4. (东北石油大学 2022、广东外语外贸大学 2022)沉没成本

三、简答题

1. (江西财经大学)简述企业在短期经营决策时，不依据利润指标而利用边际贡献指标进行决策的原因。
2. (山东大学 2021、重庆大学)企业在进行生产决策时应当考虑哪些成本？不应考虑哪些成本？
3. (新疆财经大学 2022)举例说明相关成本包括哪些成本？
4. (东北师范大学 2015)什么是相关成本？什么是无关成本？相关成本和无关成本具体包括哪些成本？
5. (中央民族大学 2020)什么是机会成本？机会成本是相关成本吗？
6. (沈阳大学 2020)简述差量成本和边际成本的联系。
7. (沈阳工业 2022、东北师范 2021&2020、重庆理工 2021)亏损产品是否应该停止生产？
8. (新疆农业大学 2023)用本量利模型分析：为什么企业明知产品亏损却仍在生产？
9. (黑龙江大学 2020)简述零部件应自制还是外购的决策过程。
10. (青岛理工大学 2022)简述剩余产能可以转移和不可以转移两种情况下，零部件自制还是外购的决策过程。
11. (天津财经大学 2020)新产品销售定价决策中，企业在前期对投入市场的产品制定较高的价格，是否属于渗透性定价？
12. (成都理工大学 2022)简述产品生命周期各阶段的价格策略。

第六章 全面预算管理

考情点拨

大白话解释本章内容
企业根据现有经济条件进行经营预测，而预算则是在经营预测的基础上，推出预算期内企业各种成本费用和现金余缺情况。比如，根据销售部门的预测，明年的销售收入将达到1亿元，那么为实现该目标，企业要发生的各项成本、费用是多少呢？企业的资金足够支撑这些支出吗？ 　　在编制预算时，我们是在参考前期数据的基础上"修修补补"还是将前期的情况"抛诸脑后，从零开始"？学完本章这些问题都将迎刃而解。
本章难度 ★ **本章重要程度** ★★
本章复习策略
本章考题比较简单，以选择题和简答题为主，着重考查各种预算编制方法的优缺点和运营预算中各个预算之间的关系。 　　本章内容对于财会工作经验不太丰富的同学来说会比较陌生，建议大家结合全面预算管理的逻辑："编制→执行→调整→分析与考核"来把握，本章主要解决<u>编制预算</u>的问题，在此环节，大家需要明确：①企业需要编制哪些预算？即<u>全面预算体系的构成</u>②这些预算要如何编制？即<u>全面预算的编制方法</u>。

考点精讲

第一节 全面预算概述

◆ **考点 48·全面预算的内容**

1. 全面预算的含义及特征

(1)含义

全面预算是通过对企业内外部环境的分析，在预测与决策基础上，调配相应的资源，对企业未来一定时期的经营和财务做出一系列具体计划。

(2)特征

全面预算管理的全面性主要体现在下表中的三个方面。

全员性	全面预算管理要求企业所有部门、岗位都参与到预算的编制与实施过程中，共同进行管理
全方位	预算编制覆盖企业的各项运营和管理活动，将企业的人、财、物等各类资源，以及供、产、销等各个环节均纳入预算管理范畴
全过程	通过预算的编制、分解、下达以及执行、分析、调整、考核及奖惩，对企业各项经营活动进行事前、事中和事后的全过程管理

2. 全面预算的体系

全面预算是由运营(经营)预算、专门预算、和财务预算等类别的一系列预算构成的体系，各项具体预算之间相互联系、关系复杂。下图以制造业企业为例，勾画了全面预算体系中各项预算之间的关系。

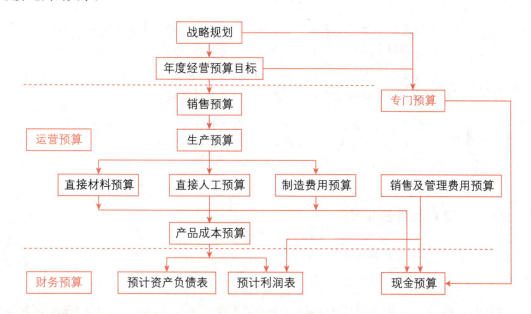

全面预算体系	含义
运营(经营)预算	运营预算是对未来一定期间的业务活动和管理活动的规划。企业通常在销售预测的基础上编制销售预算，然后按以销定产的原则，逐步对生产、材料采购、存货和费用等方面制定预算
专门预算	企业为预算期内不经常发生的长期投资决策项目或一次性的专门业务活动所编制的预算，包括资本支出预算和一次性专门业务预算

续表

全面预算体系	含义
财务预算	财务预算是反映企业在预算期内有关现金收支、经营成果和财务状况的预算。财务预算是各项业务预算和专门预算在财务维度的总称,包括现金预算、预计资产负债表、预计利润表

◆ 考点49·全面预算的编制原则

编制原则	含义
战略导向原则	预算管理应围绕企业的战略目标和业务计划有序开展,引导各预算责任主体聚焦战略、专注执行、达成绩效
过程控制原则	预算管理应通过及时监控、分析等把握预算目标的实现进度并实施有效评价,对企业经营决策提供有效支撑
融合性原则	预算管理应以业务为先导、以财务为协同,将预算管理嵌入企业经营管理活动的各个领域、层次、环节
平衡管理原则	预算管理应平衡长期目标与短期目标、整体利益与局部利益、收入与支出、结果与动因等关系,促进企业可持续发展
权变性原则	预算管理应刚性与柔性相结合,强调预算对经营管理的刚性约束又可根据内外环境的重大变化调整预算,并针对例外事项进行特殊处理

◆ 考点50·全面预算的作用

全面预算的作用主要表现在以下四个方面。

1. 明确工作目标

预算规定了企业一定时期的总目标以及各级各部门的具体目标。这样就使各个部门了解本单位的经济活动与整个企业经营目标之间的关系,明确各自的职责及其努力方向,从各自的角度去完成企业总的战略目标。

2. 协调部门关系

全面预算把企业各方面的工作纳入了统一计划之中,促使企业内部各部门的预算相互协调,环环紧扣,达到平衡。在保证企业总体目标最优的前提下,组织各自的生产经营活动。例如,在以销定产的经营方针下,生产预算应当以销售预算为根据,材料采购预算必须与生产预算相衔接等。

3. 控制日常活动

编制预算是企业经营管理的起点，也是控制日常经济活动的依据。在预算的执行过程中，各部门应通过计量、对比，及时揭露实际脱离预算的差异并分析其原因，以便采取必要措施，消除薄弱环节，保证预算目标的顺利完成。

4. 提供考核业绩标准

企业预算确定的各项指标，也是考核各部门工作成绩的基本尺度。在评定各部门工作业绩时，要根据预算的完成情况，分析偏离预算的程度和原因，划清责任，奖罚分明，促使各部门为完成预算规定的目标努力工作。

第二节 运营（经营）预算的编制

◆考点51·运营（经营）预算的编制

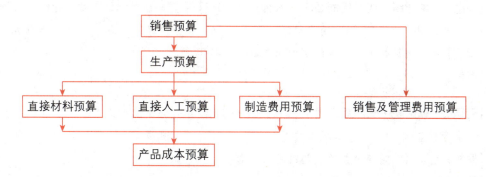

运营预算是企业日常营业活动的预算，企业的营业活动涉及供产销等各个环节及其业务。运营预算的构成及各预算之间的关系如上图。下面将运营预算体系中各预算的含义及编制依据归纳如下表。

运营预算的构成	含义及编制依据
销售预算	(1)销售预算是整个预算的编制起点，也是编制其他有关预算的基础； (2)核心公式：销量×单价＝销售收入
生产预算	(1)以销售预算为基础编制，确定预计生产量； (2)是唯一以实物量表示的预算
直接材料预算	以生产预算为基础编制，根据单位产品的直接材料耗用量和预计期初、期末的原材料存货量，确定材料采购量
直接人工预算	以生产预算为基础编制，根据预计生产量、单位产品定额工时、单位工时工资率确定直接人工成本

续表

运营预算的构成	含义及编制依据
制造费用预算	(1)变动制造费用以生产预算为基础编制，根据预计生产量和单位产品分配率确定； (2)固定制造费用预算通常根据上年的实际水平，经过适当的调整而制定
产品成本预算	(1)产品成本预算是在生产预算的基础上，按预计的各项产品成本归集计算得出产品的总成本和单位成本； (2)核心公式：产品成本预算＝直接材料预算＋直接人工预算＋制造费用预算
销售费用和管理费用预算	(1)销售费用预算：是针对产品销售过程中所发生的费用编制的预算。编制依据是预计销售量和标准价格； (2)管理费用预算：是为管理部门的职能管理活动编制的预算。管理费用分为固定费用和变动费用两部分。约束性固定费用的预算应该本着人员精干、经费适当的原则编制。酌量性固定费用的预算应充分考虑成本效益原则，具体可以根据实际情况采用增量预算或零基预算等方法编制

【例题1·单选题·西藏民族2023、长沙理工2017】编制全面预算的出发点是(　　)。
A. 生产预算　　　　B. 销售预算　　　　C. 现金预算　　　　D. 弹性预算
【解析】销售预算是整个预算编制的起点，选项B正确。
【答案】B

【例题2·单选题·长沙理工大学2018】企业生产经营的全面预算必须以(　　)为主导。
A. 生产预算　　　　B. 成本预算　　　　C. 销售预算　　　　D. 现金预算
【解析】销售预算是整个预算编制的起点，选项C正确。
【答案】C

【例题3·单选题·东北石油大学】业务预算编制的起点一般是(　　)。
A. 生产预算　　　　B. 销售预算　　　　C. 产品成本预算　　　　D. 制造费用预算
【解析】销售预算是整个预算编制的起点，选项B正确。
【答案】B

【例题4·单选题·东北石油大学】企业编制预算，一般应按照(　　)的程序进行。
A. 自上而下　　　　B. 自下而上　　　　C. 上下结合　　　　D. 全员参与
【解析】本题易错选项为D选项，全员参与不属于编制预算的程序。企业编制预算一般应按照"上下结合、分级编制、逐级汇总"的程序，首先公司董事会或管理层下达预算目标到各部门，各部门按照预算管理层下达的财务预算目标，再根据自身特点及条件提出本部门详细的财务预算方案上报财务管理部门，由财务管理部门审查、汇总，同时预算管理层对出现的问题进行协调修正，在各部门协调修正的基础上编制企业财务预算方案。
【答案】C

【例题5·单选题·云南师范大学2018】甲公司2017年度预计生产某产品1 000件,单位产品耗用材料15千克,该材料期初存量为1 000千克,预计期末存量为3 000千克,则全年预计采购量为(　　)千克。

　　A. 18 000　　　　　　B. 16 000　　　　　　C. 15 000　　　　　　D. 17 000

【解析】本题考查直接材料预算中材料采购量的计算。根据"期初材料存量＋本期材料采购量＝本期材料领用量＋期末材料存量",本期材料采购量＝本期材料领用量＋期末材料存量－期初材料存量＝1 000×15＋3 000－1 000＝17 000(千克)。

【答案】D

第三节　全面预算的编制方法

◆ 考点52·全面预算的编制方法

通过上一节的学习,我们明确了预算的编制依据。本节在此基础上,学习如何预测编制依据的金额。不同的预测假设形成了不同的预算编制方法。比如当企业未来一期的预测实现的可能性较高时,企业可以将近乎确定的销量预测、产量预测作为预算编制的基础;当企业未来一期的预测有若干可能的水平时,企业可以根据这些预测水平分别编制预算。全面预算的编制方法按照不同的标准可分为如下类型。

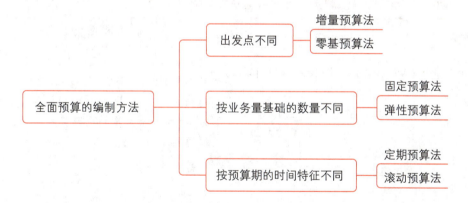

1. 增量预算法与零基预算法(按出发点不同)

要点	增量预算法	零基预算法
含义	以<u>历史期</u>实际经济活动及其预算为基础,结合预算期经济活动及相关影响因素的变动情况,通过调整历史期经济活动项目及金额形成预算的预算编制方法	是指企业不以历史期经济活动及其预算为基础,<u>以零为起点,从实际需要出发</u>分析预算期经济活动的合理性,经综合平衡,形成预算的预算编制方法

要点	增量预算法	零基预算法
优点	编制工作量小	不受前期费用项目和费用水平的制约，能够调动各部门降低费用的积极性，利于资源的合理配置
缺点	当预算期的情况发生变化，预算数额会受到基期不合理因素的干扰，可能导致预算的不准确，不利于调动各部门达成预算目标的积极性	①编制工作量大；②方案评级和资源分配具有较大的主观性，容易引起部门间的矛盾

零基预算法需要从实际出发编制预算，使用该方法编制预算的步骤如下。

(1)确定预算期的生产经营目标，如利润目标、销售目标或生产目标等，以便各部门制定各项固定费用的支出方案；

(2)对算期各项费用的支出方案进行成本效益分析及综合评价，权衡轻重缓急，划分成不同等级并排出先后顺序；

(3)按照排出的等级和顺序，根据企业预算期可用于费用开支的资金数额分配资金，落实预算。

2. 固定预算法与弹性预算法（按业务量基础的数量不同）

要点	固定预算法	弹性预算法
含义	在编制预算时，只根据预算期内正常、可实现的某一固定的业务量(如生产量、销售量等)水平作为唯一基础来编制预算的方法	在成本性态分析的基础上，依据业务量、成本和利润之间的联动关系，按照预算期内相关的业务量(如生产量、销售量、工时等)水平计算其相应预算项目所消耗资源的预算编制方法
特点	①适应性差；②可比性差	①预算范围宽；②可比性强
适用范围	适用于经营业务稳定，生产产品产销量稳定，能准确预测产品需求及产品成本的企业，也可用于编制固定费用预算	适用于编制全面预算中所有与业务量有关的预算，但实务中主要用于编制成本费用预算和利润预算，尤其是成本费用预算

固定预算法编制预算较为简单，故不在此特殊说明。但弹性预算法较为复杂，现举例说明弹性预算法的实际应用。

A公司预算期产品销售单价为200元，单位变动成本为80元，固定成本总额为46 600元。A公司充分考虑到预算期产品销售量发生变化的可能，编制出销售量为1 550件、1 650件、

1 750件、1 850件和1 950件时的弹性利润预算表，如下表所示。

单位：元

销售量(件)	1 550	1 650	1 750	1 850	1 950
销售收入	310 000	330 000	350 000	370 000	390 000
减：变动成本	124 000	132 000	140 000	148 000	156 000
边际收益	186 000	198 000	210 000	222 000	234 000
减：固定成本	46 600	46 600	46 600	46 600	46 600
营业净利	139 400	151 400	163 400	175 400	187 400

3. 定期预算法与滚动预算法（按预算期的时间特征不同）

要点	定期预算法	滚动预算法
含义	是以固定不变的会计期间（如年度、季度、月份）作为预算期间编制预算的方法	是在上期预算完成情况的基础上，调整和编制下期预算，并将预算期间逐期连续向后滚动推移，使预算期间保持一定的时期跨度
优点	保证预算期间与会计期间在时期上配比，便于依据会计报告的数据与预算的比较，考核和评价预算的执行结果	优点：能够保持预算的持续性，有利于考虑未来业务活动，结合企业近期目标和长期目标；使预算随时间的推进不断加以调整和修订，能使预算与实际情况更相适应，有利于充分发挥预算的指导和控制作用
缺点	不利于前后各个期间的预算衔接，不能适应连续不断的业务活动过程的预算管理	编制工作量大

滚动预算示意图(以逐月滚动为例)如下。

【例题6·判断题·东北石油大学】定期预算是指在编制预算时，将预算期与会计核算期脱离开，随着预算的执行，不断的补充预算，逐期向后滚动，使预算期始终保持一个固定长度（一般为12个月）的一种预算方法。（　　）

【解析】定期预算是以固定不变的会计期间作为预算期间编制预算的方法。题中所描述的是滚动预算。

【答案】×

【例题 7·单选题·东北石油大学】在未取得上期生产经营及预算相关资料情况下，企业编制本期预算应当采用(　　)方法。

A. 零基预算法　　　　　　　　B. 固定预算法
C. 增量预算法　　　　　　　　D. 弹性预算法

【解析】在未取得上期生产经营及预算相关资料情况下，企业无法利用历史期实际经济活动及其预算为基础进行编制，需要以零为起点，从实际需要出发分析预算期经济活动的合理性，选项 A 正确。

【答案】A

【例题 8·多选题·天津工业大学 2023】按编制预算的出发点的特征不同，可将编制预算的方法分为(　　)。

A. 零基预算法　　　　　　　　B. 固定预算法
C. 增量预算法　　　　　　　　D. 弹性预算法

【答案】AC

【例题 9·单选题·云南师范大学 2018】下列各项中，不属于零基预算法优点的是(　　)。

A. 不受现有费用项目的限制

B. 有利于促使预算单位合理利用资金

C. 不受现有预算的约束

D. 编制预算的工作量小

【答案】D

真题精练

一、名词解释

1.(绍兴文理学院 2023、西藏民族大学 2023、北京国家会计学院 2016&2015)零基预算

2.(北京国家会计学院 2016&2015)增量预算

3.(湖北民族大学 2023、沈阳农业大学 2021、山东师范大学 2018)弹性预算

4.(山东师范大学 2023)滚动预算

二、简答题

1.(广东工业大学 2016)简述编制全面预算的基本原则。

2.(天津财经大学 2021)全面预算管理的全面体现在哪些方面？

3.(首都经济贸易 2021&2017、新疆农业 2020、中国农业 2017、华中科技 2014)简述全面预算

的内容。

4. (南京信息工程大学 2018)简述全面预算及其作用。
5. (东北林业大学 2021)编制全面预算的作用是什么?
6. (哈尔滨商业大学 2021)简述全面预算的含义及其功能。
7. (河北大学)有人说预算是不必要的负担,你赞同吗?
8. (兰州理工大学 2023)简述全面预算的定义和包括的内容。
9. (成都理工大学 2022、东北师范大学 2019)全面预算体系包括哪些内容?
10. (兰州理工大学 2023)谈谈你对全面预算体系的理解。
11. (湖北民族 2023、华中科技 2022、东北师范 2019)简述预算编制的方法。
12. (上海大学 2023)简述预算编制方法的类型和概念。
13. (北京物资学院 2022)全面预算体系包括哪些内容?什么是零基预算?零基预算的优缺点是什么?
14. (北京工商大学 2018)与增量预算相比,零基预算的优势是什么?
15. (绍兴文理学院 2023)简述零基预算的定义和编制步骤。
16. (江西财经大学)简述零基预算的工作步骤。
17. (吉林财经大学 2021)什么是零基预算?与增量预算的区别是什么?
18. (北京工商大学 2021)滚动预算是什么?有哪些优点?
19. (江西财经大学 2021)弹性预算与滚动预算的区别是什么?
20. (吉林财经大学 2023)简述固定预算和弹性预算的定义及二者的区别。
21. (山东师范大学 2020)简述弹性预算的定义和特征。

第四篇

控制与业绩评价篇

第七章 作业成本计算

考情点拨

大白话解释本章内容
什么是作业成本法？相比于第二章所学的传统成本法，作业成本法在分配各项间接费用时不再按照唯一的标准，而是先将具有相同性质的间接费用归为一类，各类按照各自的标准进行分配。 　　第二章所讲的传统成本法，是先将间接费用都归入制造费用，然后不管三七二十一，对制造费用都采用一个分配标准进行分配。这就像我们女孩子用的彩妆，粉底液、眼线笔、口红、腮红、眼影盘全都零散地堆在抽屉里。 　　而作业成本法，考虑了不同的间接费用的驱动因素，比如生产准备费用的特点是批次越多，消耗费用越多；而材料耗用是生产数量越多，费用越多，将它们按照各自的驱动因素进行分配，就能使间接费用的分配更加准确、合理。这就像女孩子的各种化妆品在放入抽屉前，先用适合的收纳盒进行整理，口红放一个短的收纳盒，唇釉放长的收纳盒。自然就能在抽屉里一目了然啦。
本章难度 ★★ **本章重要程度** ★
本章复习策略
本章在考试中侧重考查名词解释、简答题，涉及少量计算题。大家在学习中要重点把握传统成本计算的劣势、作业成本法的原理和计算过程、作业成本法的优缺点。

考点精讲

第一节　作业成本的概念

◆**考点53·决策有用性**

　　决策有用性是指成本信息能够满足企业生产经营决策多方面的需要。

企业生产经营对成本信息的需求主要表现在以下四个方面。

(1)成本信息能够相对准确地**确定期末存货的价值**，有助于提供企业的财务状况。

(2)成本信息能够相对准确地**确定已销售商品的成本**，有助于核定企业的期间损益。

(3)成本信息有助于确定不同需求层次的产品**订货价格**、不同品种的产品**订货价格**以及某些特殊用户订购**产品的价格**。

(4)成本信息有助于衡量企业各个制造环节的耗费，为进一步**降低产品成本**提供依据。

但随着环境变化，传统成本计算无法满足上述需求，会扭曲成本信息甚至使成本信息完全丧失决策有用性，主要表现在以下三方面。

(1)间接费用计入产品时采用单一的分配标准（如产量或机器工时），并假定间接费用的支出是有助于产品生产的。

(2)间接费用按产量分配给最终产品，会导致产量多的产品负担较多的间接费用，而产量少的产品则负担较少的间接费用。这种分配方式在假定间接费用随产量变动而变动的前提下是合适的。但产量只是引起间接费用发生的原因之一而不是唯一原因。

(3)传统成本计算以企业为主体、以产品为对象反映企业整体业绩，但无法反映内部不同责任中心的考核要求。

◆ 考点 54 · 作业成本法的核心概念

作业成本法（ABC：activity-based costing）是以作业为基础的成本计算方法。作业成本法认为，企业的全部经营活动是由一系列相互关联的**作业**组成的，企业每进行一项作业都要**耗费**一定的**资源**；而企业生产的**产品**（或提供的服务）需要经过一系列的**作业**来完成。因此，产品成本实际上就是企业为生产该产品的全部作业所消耗的资源总和。

1. 资源

资源是指为了产出产品而发生的费用支出，即各项费用的总和。制造行业中典型的资源项目有原材料、辅助材料、燃料与动力费用、工资及福利费、折旧费、办公费、修理费、运输费等。

2. 作业

作业是指企业中特定组织（成本中心、部门或产品线）**重复执行的任务或活动**。例如，签订材料采购合同、将材料运达仓库、对材料进行质量检验、办理入库手续、登记材料明细账等。每一项作业，是针对加工或服务对象重复执行特定的或标准化的活动。由若干个相互关联的具体作业组成的作业集合，被称为作业中心。

执行任何一项作业都需要耗费一定的资源。任何一项产品的形成都要消耗一定的作业。**作业是连接资源和产品的纽带，它在消耗资源的同时生产出产品**。

按与产品联系的紧密程度可将作业分为下表中的四类。

分类	概念	特征
单位级作业 （单位水平作业）	使单位产品受益的作业，此类作业是重复性的，每生产一单位产品就需要作业一次。例如，直接材料、直接人工	所耗成本与产品产量成比例变动
批次级作业 （批量水平作业）	使一批产品受益的作业，此类作业中一批产品可能包含多种品种。例如，对每批产品的检验、机器准备、原材料处理、订单处理等	所耗成本与产品批数成比例变动
产品级作业 （产品水平作业）	使某种产品的每个单位都受益的作业。例如，对每一种产品编制数控规划、材料清单、产品设计、工艺设计、修改产品特性	所耗成本与产品项目成比例变动
生产维持级作业 （能力水平作业）	使某个机构或某个部门甚至整个工厂受益的作业，它是为了维护生产能力而进行的作业。例如工厂保安、维修、行政管理等	所耗成本为全部生产品的共同作业成本

【例题1·单选题·厦门国会2018】按产出方式的不同，企业的作业可以分为以下四类。其中，随产量变动而正比例变动的作业是（　　）。

A. 单位级作业　　　　　　　　B. 批次级作业
C. 产品级作业　　　　　　　　D. 生产维持级作业

【解析】单位级作业是重复性的，每生产一单位产品就需要作业一次，所以其成本随产量变动而正比例变动。

【答案】A

【例题2·单选题·央财2016】工艺设计作业属于（　　）。

A. 单位水平作业　　　　　　　B. 产品水平作业
C. 批量水平作业　　　　　　　D. 能力水平作业

【解析】工艺设计作业是针对某一种产品的设计，是使某种产品的每个单位都受益的作业。

【答案】B

【例题3·单选题·央财2017】机器设备维修作业属于（　　）。

A. 单位水平作业　　　　　　　B. 产品水平作业
C. 批量水平作业　　　　　　　D. 能力水平作业

【解析】机器设备维修作业是使某个机构或某个部门甚至整个工厂受益的作业，它是为了维护生产能力而进行的作业，即能力水平作业（生产维持级作业）。

【答案】D

3. 成本动因

所谓成本动因，就是作业成本或产品成本的驱动因素。例如，产量增加时，直接材料成本就增加，产量是直接材料成本的驱动因素，即直接材料的成本动因。在作业成本法中，成本动因分为**资源成本动因**和**作业成本动因**。

(1) 资源成本动因

资源成本动因是引起作业成本增加的驱动因素。依据资源成本动因可以将资源成本分配给各有关作业。

例如，产品质量检验作业需要有检验人员、专用设备，并消耗一定的电力。其中，检验人员的工资、专用设备的折旧费用，一般可直接归属于检验作业；而电力成本往往不能直接计入，需要用设备额定功率乘以设备开动时间来计算。按"设备的额定功率乘以开动时间"这一动因作为电力成本的分配基础，将专用设备耗用的电力成本分配到检验作业中。

(2) 作业成本动因

作业成本动因是引起产品成本增加的驱动因素。依据作业成本动因可以将作业成本分配给各产品。

例如，如果对任何产品的每一批次产品进行质量检验所发生的成本相同，则检验的"次数"就是检验作业的成本动因，它是引起产品检验成本增加的驱动因素。

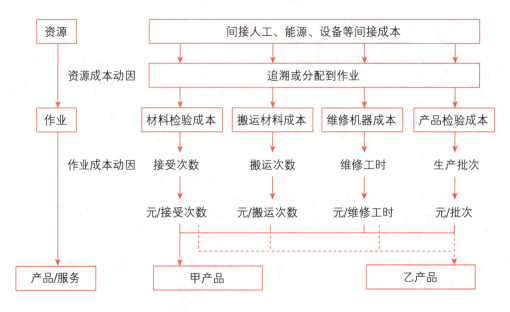

第二节 作业成本计算

◆考点 55·作业成本法的一般程序

1. 定义和识别作业。根据企业生产经营的作业及其资源耗费情况，确认作业、主要作业和作业中心以及成本动因，识别每项作业在生产活动中的作用、与其他作业的区别以及每项作业与耗用资源的联系。

2. 归集资源消耗形成的费用到相同性质的作业成本库。
3. 选择合理、有效的成本动因作为计算成本分配率的基准。
4. 计算作业成本库的分配率。将各作业成本库归集的成本除以该作业的数量,即可计算作业成本分配率。
5. 将作业库归集的费用分配至成本计算对象。

【例题 4·计算题·沈阳工业大学 2020】 某公司一车间生产甲、乙两种产品,2017 年年初制定的全年一车间间接费用的成本动因预算资料如下。

作业成本集合	成本动因	间接成本预算额/元	成本动因作业水平预算额
质量控制	检查次数	500 000	10 000 次
机器设置	设置次数	1 000 000	10 000 次
账款登记	发票数	6 500	250 张
车间管理成本	直接工时	300 000	30 000 小时
合计	—	1 806 500	—

(1)公司按分批法计算产品成本,2017 年 2 月 5 日,该公司接下 A 客户一个 500 台甲产品、400 台乙产品的订单,其订单生产实际要求如下。

产品	检查次数/次	设置/次	发票/张	直接工时/小时
甲	250	2 000	50	10 000
乙	400	3 000	40	8 000

(2)2017 年 2 月 28 日,为 A 客户加工的产品全部完工,本月根据材料分配表,该批产品中甲产品耗费直接材料的实际成本为 1 250 000 元,乙产品耗费直接材料的实际成本为 1 100 000 元。

(3)2017 年 2 月 28 日,根据工薪分配表、固定资产折旧计算表、燃料和动力分配表、材料分配表及其他间接费用的原始凭证等归集的 2017 年 2 月的间接费用实际发生额见下表。

作业成本集合	间接成本/元
质量控制	40 000
机器设置	512 500
账款登记	2 000
车间管理成本	182 250
合计	736 750

要求:
(1)若公司按预算作业成本分配率分配作业成本,发生的差异可以直接结转本期营业成本,

则在作业成本法下，A 客户 500 台甲产品和 400 台乙产品应分配的作业成本是多少？产品总成本是多少？

(2)若公司按预算作业成本分配率分配作业成本，发生的差异按照分配的预算作业成本比例分配给甲、乙产品，则在作业成本法下，A 客户 500 台甲产品和 400 台乙产品的实际总成本是多少？

【答案】
(1)质量控制预算作业成本分配率＝500 000÷10 000＝50
机器设置预算作业成本分配率＝1 000 000÷10 000＝100
账款登记预算作业成本分配率＝6 500÷250＝26
车间管理成本预算作业成本分配率＝300 000÷30 000＝10
500 台甲产品应分配的作业成本＝50×250＋100×2 000＋26×50＋10×10 000＝313 800(元)
甲产品总成本＝1 250 000＋313 800＝1 563 800(元)
400 台乙产品应分配的作业成本＝50×400＋100×3 000＋26×40＋10×8 000＝401 040(元)
乙产品总成本＝1 100 000＋401 040＝1 501 040(元)

(2)

作业成本集合	实际成本/元(1)	甲分配作业成本/元(2)	乙分配作业成本/元(3)	差异/元(1−2−3)	甲分配差异/元(4)	乙分配差异/元(5)
质量控制	40 000	12 500	20 000	7 500	2 884.62	4 615.38
机器设置	512 500	200 000	300 000	12 500	5 000	7 500
账款登记	2 000	1 300	1 040	−340	−188.89	−151.11
车间管理成本	182 250	100 000	80 000	2 250	1 250	1 000
合计	736 750	313 800	401 040	21 910	8 945.73	12 964.27

甲产品成本＝1 563 800＋8 945.73＝1 572 745.73(元)
乙产品成本＝1 501 040＋12 964.27＝1 514 004.27(元)

【例题 5·计算题】假定某制造加工企业生产加工 A、B 两种产品，采用作业成本法计算产品成本 20×7 年某月份的具体资料如下：

(1)本月该企业生产 A 产品 8 批，共计 25 000 件；生产 B 产品 160 批，共计 1 500 件。

(2)A 产品每件消耗直接材料 3 元；B 产品每件消耗直接材料 4 元。

(3)A、B 产品的生产工艺过程基本相同，A 为标准产品，每批产量高；B 为非标准产品，每批产量低。该企业经过分析，确认作业中心为六个，包括产品设计、订单处理、粗加工、精加工、产品检验和一般管理。

(4)产品设计作业是由计算机辅助设计系统完成的，该系统能提供 850 个机时。本月用于 A 产品设计机时数为 400 机时；用于 B 产品设计机时数为 320 机时。

(5)本月实际处理订单 850 份，其中处理 A 产品订单 600 份，处理 B 产品订单 250 份。

(6)粗加工机器本月实际运转了 840 机器小时，其中加工 A 产品每件需要 1.8 分钟，共计 750 机器小时(25 000×1.8/60)；加工 B 产品每件需要 3.6 分钟，共计 90 机器小时(1 500×3.6/60)。

(7)精加工机器本月实际运转了 1 100 机器小时,其中加工 A 产品每件需要 2.43 分钟,共计 1 012.5 机器小时(25 000×2.43/60);加工 B 产品每件需要 3.5 分钟,共计 87.5 机器小时(1 500×3.5/60)。

(8)本月实际每批检验 A 产品 15 件,共检验了 120 件;B 产品每批检验 4 件,共检验了 640 件。

(9)本月生产的 A、B 两种产品耗费资源有五种:工资 46 900 元、水费 6 420 元、电费 9 450 元、折旧费 70 100 元和办公费 4 990 元。各作业中心与资源消耗分配有关的资料见下表。

各作业中心资源耗费相关资料

作业中心	产品设计	订单处理	粗加工	精加工	产品检验	一般管理
职工人数	5	2	9	7	4	3
每人平均工资/元	2 500	1 100	1 400	1 600	1 200	1 200
用水量/吨	400	150	500	450	380	260
用电量/度	4 000	800	5 000	6 400	1 200	1 500
折旧费/元	14 500	5 000	17 000	21 000	7 000	5 600
办公费/元	900	700	540	700	950	1 200

(10)根据相关规定,每吨水的价格是 3 元;每度电的价格是 0.5 元。

(11)企业决定以分入的其他作业成本合计值作为分配标准对一般管理作业中心的成本进行分配。

要求:
(1)归集各作业中心的作业成本;
(2)分别计算 A、B 产品的单位成本。

【答案】

作业中心成本计算表

资源＼作业中心	产品设计	订单处理	粗加工	精加工	产品检验	一般管理	合计
工资成本/元	12 500	2 200	12 600	11 200	4 800	3 600	46 900
水费/元	1 200	450	1 500	1 350	1 140	780	6 420
电费/元	2 000	400	2 500	3 200	600	750	9 450
折旧费/元	14 500	5 000	17 000	21 000	7 000	5 600	70 100
办公费/元	900	700	540	700	950	1 200	4 990
作业成本/元	31 100	8 750	34 140	37 450	14 490	11 930	137 860

作业中心成本分配表

作业	作业成本/元	实际耗用成本动因数			分配率	分配成本/元	
		A产品	B产品	合计		A产品	B产品
产品设计	31 100	400	320	720	43.19	17 276	13 824
订单处理	8 750	600	250	850	10.29	6 174	2 576
粗加工	34 140	750	90	840	40.64	30 480	3 660
精加工	37 450	1 012.5	87.5	1 100	34.05	34 471.02	2 978.98
产品检验	14 490	120	640	760	19.07	2 288.4	12 201.6
一般管理	11 930	—	—	—	—	—	—
合计	137 860	—	—	—	—	90 882.9	35 047.1

一般管理成本的分配率 $= \dfrac{11\ 930}{90\ 882.9 + 35\ 047.1} = 0.094\ 735\ 2$

A产品分摊一般管理成本 $= 90\ 882.9 \times 0.094\ 735\ 2 = 8\ 609.81$(元)

B产品分摊一般管理成本 $= 35\ 047.1 \times 0.094\ 735\ 2 = 3\ 320.19$(元)

A产品的单位产品成本 $= 3 + \dfrac{90\ 882.9 + 8\ 609.81}{25\ 000} = 6.98$(元/件)

B产品的单位产品成本 $= 4 + \dfrac{35\ 047.1 + 3\ 320.19}{1\ 500} = 29.58$(元/件)

◆考点56·作业成本法与完全成本法的比较

在传统成本计算中间接费用按产量分配给最终产品,会导致产量多的产品负担较多的间接费用,而产量少的产品则负担较少的间接费用,最终丧失决策的有用性。

接下来,通过一个例子来说明作业成本法和传统的完全成本法之间的区别。

某公司生产A、B两种产品,A产品属于大批量生产型产品,生产过程简单技术较低;B产品属于小批量生产型产品,生产过程复杂技术含量高。某期A、B两种产品的产量分别是20 000件和2 000件,单位产品直接工人工时分别是4小时和5小时,单位产品机器小时数分别是4.2小时和8小时。当期A产品和B产品单位产品直接材料成本分别为12.5元和15元,直接人工成本分别为7.5元和36元,制造费用共发生987 250元。

该公司共设立五个作业中心:订单处理、生产准备、机器运行、设备维护、质量检验。各作业中心归集的作业成本及成本动因情况见下表。

作业中心	作业动因	作业动因数量		作业成本/元
		A产品	B产品	
订单处理	订单份数/份	10	16	52 000
生产准备	生产调整次数/次	2 000	500	34 000
机器运行	机器小时/小时	20 000	5 000	697 000
设备维护	直接人工工时/小时	40 000	10 000	955 000
质量检验	检验次数/次	20	30	108 750

(1)使用完全成本法。制造费用要按照单一标准进行分配,本题中以实际发生的机器小时数为标准分配制造费用。

制造费用分配率 $=\dfrac{987\ 250}{100\ 000}=9.872\ 5$

A产品分摊的制造费用 $=20\ 000\times 4.2\times 9.872\ 5=829\ 290$(元)

B产品分摊的制造费用 $=2\ 000\times 8\times 9.872\ 5=157\ 960$(元)

A产品的单位产品成本 $=12.25+7.5+\dfrac{829\ 290}{20\ 000}=61.464\ 5$(元/件)

B产品的单位产品成本 $=15+36+\dfrac{157\ 960}{2\ 000}=129.98$(元/件)

(2)使用作业成本法。作业成本分配如下表。

作业中心	作业成本/元	作业动因数量		分配率	分配成本/元	
		A产品	B产品		A产品	B产品
订单处理	52 000	10	16	2 000	20 000	32 000
生产准备	34 000	2 000	500	13.6	27 200	6 800
机器运行	697 000	20 000	5 000	27.88	557 600	139 400
设备维护	955 000	40 000	10 000	1.91	76 400	19 100
质量检验	108 750	20	30	2 175	43 500	65 250
合计	987 250	—	—	—	724 700	262 550

作业成本法仅在间接费用分配上与完全成本法不同。

A产品单位产品成本 $=12.5+7.5+\dfrac{724\ 700}{20\ 000}=56.235$(元/件)

B产品单位产品成本 $=15+36+\dfrac{262\ 550}{2\ 000}=182.275$(元/件)

(3)计算结果表明,在两种不同的成本计算方法下,单位产品成本计算结果相差较大。

成本计算方法	A产品单位成本(元/件)	B产品单位成本(元/件)
作业成本法	56.235	182.275
完全成本法	61.464 5	129.98
成本差异	−5.229 5	52.295

作业成本法下的计算结果更加接近实际，原因在于A产品的产量高、产品技术含量低，而B产品的产量低、产品技术含量高，在这种情况下，对于技术含量较高的B产品依据不同的成本动因分摊较多的制造费用是正确而合理的。

如果采用传统的单一业务量为标准进行分配，会使技术含量较低的A产品由于产量高而多分摊制造费用，计算结果与事实不符。

第三节 作业成本管理

将产品或服务的成本准确计算出来是成本管理的先决条件，但不是目的，成本管理的根本目的是把成本管控住，努力降低成本，增强企业的竞争优势，为企业创造价值。

作业成本管理的核心就是分析哪些作业是增值作业，哪些作业是不增值作业。实行基于作业的成本管理，可以消除转化或降低不增值作业，提高增值作业效率，降低成本，增加价值，创建企业的竞争优势。

◆ 考点57 · 作业成本管理的目标和步骤

1. 作业成本管理目标

作业成本管理既是精确的成本计算系统，也是改进业绩的工具。它包含两个维度：成本分配观和流程观。

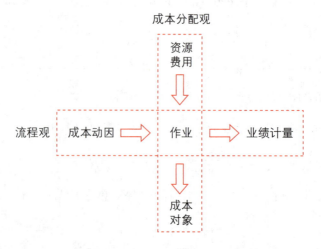

图中垂直部分反映了成本分配观：成本分配是从资源费用到作业，再从作业到成本对象。

水平部分反映了流程观，它为企业提供引起作业的原因（成本动因）以及作业完成情况（业绩计量）的信息。流程价值分析关心的是作业的责任，包括成本动因分析、作业分析和业绩考核三个部分。其基本思想是，以作业来识别资源，将作业分为增值作业和非增值作业，并把作业和流程联系起来，确认流程的成本动因，计量流程的业绩，从而促进流程的持续改进。

2. 增值作业和非增值作业的划分

根据作业的发生是否有利于增加顾客的价值，或增加顾客的效用，可将作业分为增值作业和非增值作业。最终增加顾客价值的作业是增值作业；否则就是非增值作业。

非增值作业虽然也消耗资源，但其消耗并不是产生效益的合理消耗，对于制造产品并不直接做出贡献。例如，车间领用钢材 10 吨，其中 6 吨加工为产品对外销售，而 4 吨退回仓库。此时，6 吨钢材的领用就是增值作业，而 4 吨钢材的领退就是非增值作业。

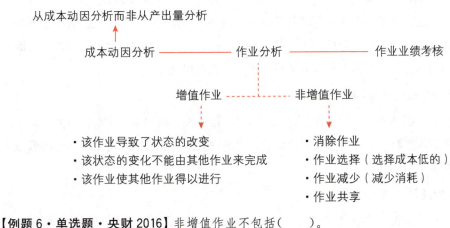

【例题 6·单选题·央财 2016】非增值作业不包括（ ）。

A. 产品包装作业　　　　　　　　　B. 搬运作业

C. 等待作业　　　　　　　　　　　D. 储存作业

【解析】最终增加顾客价值的作业是增值作业；否则就是非增值作业。一般而言，在一个制造企业中，非增值作业有等待作业、材料或在产品堆积作业、产品或在产品在企业内部迂回运送作业、废品清理作业、次品处理作业、返工作业、无效率重复某工序作业、由于订单信息不准确造成没有准确送达需要再次送达的无效率作业等。

【答案】A

【例题 7·单选题·长沙理工 2018】作业管理的最终目的在于（ ）。

A. 对作业进行管理　　　　　　　　B. 将管理深入到作业层次

C. 给顾客带来更大的价值　　　　　D. 改进企业价值链

【答案】D

【例题 8·多选题】作业成本管理的一个重要内容是寻找非增值作业，将非增值成本降至最低。下列各项中，属于非增值作业的有（ ）。

A. 从仓库到车间的材料运输作业 B. 零部件加工作业
C. 零部件组装作业 D. 产成品质量检验作业

【答案】AD

第四节 作业成本法的评价

◆ 考点 58 · 作业成本法的优点、局限性与适用条件

1. 作业成本法的优点

(1) 可以获得更准确的产品和产品线成本

作业成本法减少了传统成本信息对于决策的误导。一方面作业成本法扩大了追溯到个别产品的成本比例，减少了成本分配对于产品成本的扭曲；另一方面采用多种成本动因作为间接成本的分配基础，使得分配基础与被分配成本的相关性得到改善。

(2) 有助于改进成本控制

作业成本法提供了了解产品作业过程的途径，使管理人员知道成本是如何发生的。从成本动因上改进成本控制，可以消除非增值作业、提高增值作业的效率，有助于持续降低成本和不断消除浪费。

(3) 为战略管理提供信息支持

战略管理需要相应的信息支持。例如价值链分析需要识别供应作业、生产作业和分销作业，并且识别每项作业的成本驱动因素，以及各项作业之间的关系，作业成本法与价值链分析概念一致，可以为其提供信息支持。

(4) 便于调动各部门挖掘盈利潜力的积极性

作业成本法的成本计算过程实际上是贯穿于资源流动始终的因果分析过程，便于明确与落实各部门的岗位责任，揭露存在的问题，从而推动各部门不断挖掘盈利潜力，优化经营管理，使整个企业处于不断改进的环境中。

(5) 有利于企业杜绝浪费，提高经济效益

作业成本法通过对成本动因的分析，揭示了资源耗费、成本发生的前因后果，深入到作业水平指明了对企业供、产、销各个环节的基本活动进行改进与提高的途径，从而有利于消除可能形成的浪费，全面提高企业生产经营整体的经济效益。

2. 作业成本法的局限性

(1) 开发和维护费用较高

作业成本法的成本动因多于完全成本法，成本动因的数量较大，开发和维护费用越高。

(2) 作业成本法不符合对外报告的需要

采用作业成本法的企业，为了使对外财务报表符合会计准则的要求，需要重新调整成本数据。这种调整不仅工作量大，而且技术难度大，有可能出现混乱。

(3) 确定成本动因比较困难

并不是所有的间接成本和特定的成本动因相关联。有时找不到与成本相关的驱动因素，或者设想的若干驱动因素与成本的相关程度都很低，或者取得驱动因素数据的成本很高。此时，就会出现人为主观分配，扭曲产品成本数据。

(4) 不利于管理控制

完全成本法按部门建立成本中心，为实施责任会计和业绩评价提供了方便。作业成本系统的成本库与企业的组织结构不一致，不利于提供管理控制的信息。

3. 作业成本法的适用条件

采用作业成本法的公司一般应具备以下条件。

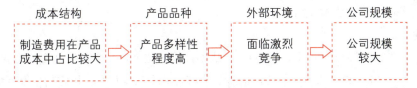

总之，在企业生产自动化程度较高、直接人工较少、制造费用比重较大、作业流程较清晰、相关业务数据完备且可获得、信息化基础工作较好、以产量为基础计算产品成本容易产生成本扭曲时，适宜采用作业成本法。

一、计算题

甲公司的主要业务是生产服装服饰。该公司的作业包括 2 个次要作业（备料作业及检验作业）和 2 个主要作业（女西服加工作业和男西服加工作业）。作业成本汇集如下表。

作业中心	消耗的资源费用或次要作业	作业类别
备料作业	面料、人力人工、折旧及水电费	次要作业
检验作业	人力人工、折旧及水电费	次要作业
女西服加工作业	备料、人力人工、折旧及水电费、检验	主要作业
男西服加工作业	备料、人力人工、折旧及水电费、检验	主要作业

本月公司发生人工总成本 64 000 元，材料总成本 40 000 元，折旧及水电费 128 000 元。假设各个作业按人工工时平均分配人工成本和折旧及水电费，备料人工工时 40 小时，检验人工

工时 60 小时，女西服人工工时 1 000 小时，男西服人工工时 500 小时。将面料经过备料作业后共获得 2 000 尺用于女西服和男西服的生产，其中 800 尺用于生产男西服，1 200 尺用于生产女西服，共生产出 100 件男西服和 200 件女西服。该厂的检验成本主要是人工成本和折旧及水电费，假设每件西服需检验 1 次，共检验了 300 次。

要求：

(1) 以人工工时为分配标准计算人工成本分配率、折旧及水电费分配率；

(2) 计算各个次要作业的总成本；

(3) 以备料尺数为分配标准，计算备料作业的成本分配率；以检验次数为分配标准计算检验作业的分配率；

(4) 计算各个主要作业的总成本；

(5) 计算女西服及男西服的单位成本。

二、名词解释

1. (山东师范大学 2023、北京物资学院 2022、南京财经大学 2020、浙江工商 2021、南京财经 2021、天津财经 2021) 作业成本法

2. (天津财经 2021) 资源成本动因

三、简答题

1. (中南财经政法 2015、华中科技 2014) 传统成本计算方法为什么会丧失决策相关性？

2. (北京交通大学 2021) 你认为公司使用的传统成本计算方法是什么？面临的主要问题是什么？

3. (新疆财经大学 2022) 简述作业成本法的含义及作业的分类。

4. (长江大学 2022、北京语言 2017) 什么是作业？什么是成本动因？

5. (福建农林大学 2023) 简述作业成本法中成本动因的含义。

6. (中南财经政法 2016) 举例说明作业成本的类型。

7. (上海财经、黑龙江大学 2020、桂林电子科技 2020) 简述作业成本法与传统成本法的异同点。

8. (上海大学悉尼工商学院 2020) 简述作业成本法和传统成本法的区别并说明其优缺点。

9. (中南财经政法大学 2023) 简述作业成本法和传统成本法分配间接成本的区别。

10. (上海大学 2020、北京化工 2021) 作业成本法相比于传统成本计算方法有哪些优点？

11. (浙江工商大学 2023) 简述传统成本计算方法的缺陷，并谈谈与传统成本计算方法相比作业成本法的优势。

12. (成都理工 2022、湖北经济学院 2022、江苏科技 2020、华东政法 2020) 简述作业成本法的含义和优缺点。

13. (沈阳化工大学 2022) 简述作业成本法的优缺点。

14. (浙江工商 2021) 作业成本法为什么比传统成本计算方法计算产品成本更加准确？

15. (福建农林大学 2020) 作业成本计算法的成本计算对象有哪些？

16. (山东工商学院 2022) 简述作业成本法的原理。

17. (上海大学 2022) 简述作业成本法核算步骤。

18. (中国石油大学(华东)2020、青岛理工 2020) 简述作业成本法的二维观念。

19. (哈工大 2019) 制造业企业中非增值作业有哪些？

第八章 标准成本计算

考情点拨

大白话解释本章内容
随着竞争的加剧和企业内部管理的完善，管理层不仅要知道实际成本是多少，还要知道生产同样多的产品，企业"应当发生"多少成本，然后将其与实际成本对比，明确实际成本是偏高还是偏低，以及造成偏差的原因，这样才能发现各部门存在的问题，并提出相应的改进措施。 企业"应当发生"的成本即标准成本。使用标准成本进行成本控制就是标准成本法。 使用标准成本法首先需要知道什么是标准成本？标准成本有哪些类型？然后给产品预先制定标准成本，最后以此为标杆与实际成本进行比较，对差异部分进行分析，找到各部门存在的问题，提出改进措施。
本章难度 ★★★ **本章重要程度** ★
本章复习策略
本章考查题型以名词解释和简答题为主，主要考查标准成本法的定义和分类、各项成本差异分析过程，考查计算题的概率较低。本章内容原理简单但是固定制造费用成本差异分析部分难度较大，其中二因素分析法和三因素法的成本差异名称和公式，理解起来比较晦涩，计算题也极容易设坑。 备考时间比较紧张的同学，本章可以适当放弃计算题部分，仅背诵名词解释和简答题的常考内容。

考点精讲

第一节 标准成本的概念

标准成本法是指通过制定标准成本，将标准成本与实际成本进行比较获得成本差异，并对成本差异进行因素分析，据以加强成本控制的一种会计信息系统和成本控制系统。

标准成本是在正常生产经营条件下应该实现的，作为控制成本开支、衡量工作效率、评价成本效益的依据和尺度的一种目标成本。

考点59 · 标准成本的种类

标准成本按不同的标准,可分为如下类型。

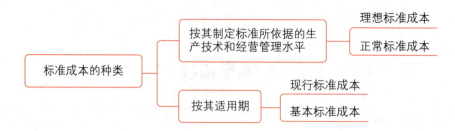

1. 理想标准成本和正常标准成本

标准成本按其制定标准所根据的生产技术和经营管理水平可分为理想标准成本和正常标准成本。

(1) 理想标准成本

理想标准成本是指在最优的生产条件下,利用现有的规模和设备能够达到的最低成本。理想标准成本是排除了一切失误、浪费和资源闲置等因素制定出来。它的主要用途是提供一个完美无缺的目标,揭示实际成本下降的潜力,但不宜作为考核依据。

(2) 正常标准成本

正常标准成本是指在效率良好的条件下,根据下期一般应该发生的生产要素消耗量、预计价格和预计生产经营能力利用程度制定出来的标准成本。在制定正常标准成本时,考虑了生产经营活动中难以避免的损耗和低效率等情况。因此可以作为评价业绩的尺度和督促职工努力的目标,是实际工作中广泛使用的正常标准成本。

2. 现行标准成本和基本标准成本

标准成本按其适用期可分为现行标准成本和基本标准成本。

(1) 现行标准成本

现行标准成本,是指根据其适用期间应该发生的价格、效率和生产经营能力利用程度等预计的标准成本。在这些决定因素变化时,需要按照改变了的情况加以修订。现行标准成本是最接近实际成本,最切实可行的一种成本,通常认为是员工经过努力可以达到的标准,可以作为评价实际成本的依据,也可以用来对存货和销货成本进行计价。

(2) 基本标准成本

基本标准成本是指一经制定,只要生产的基本条件无重大变化,就不予变动的一种标准成本。基本标准成本与各期实际成本对比,可反映成本变动的趋势。如果基本标准成本不按各期实际进行动态修订,就不宜用来直接评价工作效率和成本控制的有效性。

标准成本需要修订的情形如下。

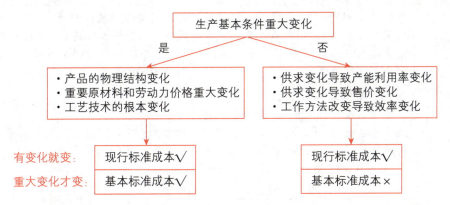

【例题1·多选题】下列情况中,需要修订基本标准成本的有( )。
A. 季节原因导致材料价格上升 B. 订单增加导致设备利用率提高
C. 采用新工艺导致生产效率提高 D. 工资调整导致人工成本上升
【解析】C、D项属于生产基本条件的重大变化,需要修订基本标准成本;A、B项属于生产基本条件的非重大变化,是一种暂时性的变化,仅需要修订现行标准成本。
【答案】CD

> **老丁翻译**
>
> **"标准成本"的双重表现形式**
>
> 一种是指<u>单位产品的标准成本</u>,它是根据单位产品的标准消耗量和标准单价计算出来的,准确地说应称为"成本标准"。
>
> 成本标准＝单位产品标准成本＝单位产品标准消耗量×标准单价
>
> 另一种是指<u>实际产量的标准成本总额</u>,是根据实际产品产量和单位产品标准成本计算出来的。
>
> 标准成本(总额)＝实际产量×单位产品标准成本

◆考点60·标准成本的制定

为了便于进行成本控制、成本核算和成本差异分析工作,标准成本可以按车间、产品、成本项目分别反映。标准成本的成本项目与会计日常核算所使用的成本项目应当一致,直接材料可以按材料的不同种类或规格详细列出标准,直接人工可以按不同工种列出标准,制造费用应按固定性制造费用和变动性制造费用分项列出标准,将各个成本项目的标准成本加总,即构成产品标准成本。

各个成本项目的标准成本,通常是由数量标准和价格标准两个因素决定,即某成本项目的标准成本＝用量标准×价格标准。

成本项目	用量标准（单位消耗量）	价格标准（单价）
直接材料	单位产品材料标准消耗量：现有技术条件下生产单位产品所需的材料数量，包括必不可少的消耗以及各种难以避免的损失	原材料标准单价：预计下一年度实际需要支付的进料单位成本，包括发票价格、运费、检验和正常损耗等成本，是取得材料的完全成本
直接人工	单位产品标准人工工时：现有生产条件下，生产单位产品所需要的时间，包括直接加工操作所必不可少的时间以及必要的间歇和停工，如工间休息、调整设备时间、不可避免的废品耗用工时等	标准工资率：可能是预定的工资率，也可能是正常的工资率
制造费用	单位产品标准人工工时或机器工时	制造费用计划分配率：根据变动制造费用预算和直接人工总工时算出

【例题2•单选题•注会真题】 甲公司加工一件产品需要的必不可少的加工时间为70小时，设备调整时间为2小时，必要的工间休息为4小时。正常的废品率为5%。则该产品的直接人工标准工时是（　　）小时。

A. 76　　　　　B. 72　　　　　C. 80　　　　　D. 74

【解析】 标准工时是指现有生产条件下，生产单位产品所需要的时间，包括直接加工操作所必不可少的时间以及必要的间歇和停工，如工间休息、调整设备时间、不可避免的废品耗用工时等，所以该产品的直接人工标准工时=(70+2+4)÷(1−5%)=80(小时)。

【答案】 C

第二节　标准成本的差异分析

成本差异，是指实际成本与相应标准成本之间的差额。当实际成本高于标准成本时，形成超支差异，属于不利差异（记作"U"）；当实际成本低于标准成本时，形成节约差异，属于有利差异（记作"F"）。

企业应定期将实际成本与标准成本进行比较和分析，确定差异数额及性质，揭示差异形成的动因，落实到责任中心，寻求可行的改进途径和措施。

◆考点61•变动成本差异分析

1. 变动成本差异分析思路

直接材料、直接人工和变动制造费用都属于变动成本，其成本差异分析的基本方法相同。

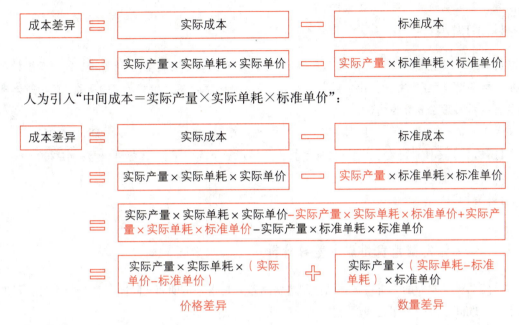

人为引入"中间成本＝实际产量×实际单耗×标准单价":

【注意】
①大前提：无论是标准用量还是实际用量，均为实际产量下的总耗量；
②计算方向：无论算价格差异还是数量差异，均为实际数减标准数。

2. 变动成本差异的表现形式及责任归属

具体成本项目	价差		量差	
	表现形式	责任归属	表现形式	责任归属
直接材料	价格差异	主要是采购部门	用料差异	主要是生产部门的责任，也可能是采购部门的责任
直接人工	工资率差异	主要是人事劳动部门	效率差异	
制造费用	耗费差异	主要是部门经理	效率差异	

【例题3·多选题·央财2016】在标准成本法下，下列各项哪些属于价格差异（　　）。
A. 材料数量差异　　　　　　　　B. 材料价格差异
C. 变动制造费用效率差异　　　　D. 工资率差异
【解析】AC属于数量差异。
【答案】BD

【例题4·多选题·北国会2013】在进行标准成本差异分析时，通常把变动成本差异分为价格脱离标准造成的价格差异和用量脱离标准造成的数量差异两种类型，下列标准成本差异中，通常应由生产部门负责的有（　　）。
A. 直接材料的价格差异　　　　　B. 直接人工的数量差异
C. 变动制造费用的效率差异　　　D. 变动制造费用的数量差异
【解析】用量脱离标准造成的数量差异一般由生产部门负责，包括材料用料差异、人工效率差异、变动制造费用效率(数量)差异。

【答案】BCD

【例题5·单选题】某产品本期产量为60套，直接材料标准用量为18千克/套，直接材料标准价格为270元/千克，直接材料实际用量为1 200千克，实际价格为210元/千克，则该产品的直接材料用量差异为(　　)元。

A. 10 800　　　　B. 12 000　　　　C. 32 400　　　　D. 33 600

【解析】直接材料用量差异＝(实际用量－实际产量下标准用量)×标准价格＝(1 200－60×18)×270＝32 400(元)。

【答案】C

◆考点62·固定制造费用成本差异分析

与变动成本差异的分析一致，固定制造费用差异是指一定期间实际固定制造费用与实际产量下的标准固定制造费用之间的差异。

由于固定制造费用相对固定，实际产量与预算产量的差异会对单位产品所应承担的固定制造费用产生影响，所以固定制造费用成本差异的分析有其特殊性，分为二因素分析法和三因素分析法。

1. 二因素分析法

二因素分析法，是将固定制造费用差异分为耗费差异(也称"开支差异")和能力差异(也称"能量差异")。

耗费差异＝①－② {实际成本＝实际产量×实际单位工时×实际分配率①
能力差异＝②－④ {预算成本＝标准产量×标准单位工时×标准分配率②
　　　　　　　　　 标准成本＝实际产量×标准单位工时×标准分配率④

(1)耗费差异(实际金额超预算多少?)

①定义：指固定制造费用的实际金额与固定制造费用预算金额之间的差额。

②计算：

耗费差异＝固定制造费用实际数－固定制造费用预算数
　　　　＝实际产量×实际单位工时×实际分配率－标准产量×标准单位工时×标准分配率
　　　　＝实际产量×实际单位工时×实际分配率－生产能量×标准分配率

【注意】固定费用与变动费用不同，不因业务量而变，故差异分析有别于变动费用。在考核时不考虑业务量的变动，以原来的预算数作为标准，实际数超过预算数即视为耗费过多。

(2)能力差异

①定义：指固定制造费用预算成本与固定制造费用标准成本的差额，或者说是生产能量与实际业务量标准工时的差额用标准分配率计算的金额。它反映实际产量标准工时未能达到生产

能量而造成的损失。

②计算：

能力差异＝固定制造费用预算数－固定制造费用标准成本

＝标准产量×标准单位工时×标准分配率－实际产量×标准单位工时×标准分配率

＝(生产能量－实际产量×标准工时)×标准分配率

【例题6·计算题】某企业本月实际产量400件，发生固定制造费用1 424元，实际工时为890小时；企业生产能力为500件即1 000小时；固定制造费用预算金额为1 500元，每件产品固定制造费用标准成本为3元，即每件产品标准工时为2小时，标准分配率为1.5元/小时。使用二因素分析法对本月发生的固定制造费用做差异分析。

【答案】

固定制造费用耗费差异＝1 424－1 000×1.5＝－76(元)

固定制造费用能力差异＝1 000×1.5－400×2×1.5＝1 500－1 200＝300(元)

固定制造费用成本总差异＝实际固定制造费用－标准固定制造费用

＝1 424－400×3＝224(元)

老丁翻译

二因素分析法的理解

以例题6的数据为例，固定制造费用的实际数为1 424元，标准成本为400×3＝1 200(元)，超支1 424－1 200＝224(元)。是什么原因造成的？二因素分析法认为差异是耗费差异和能力差异共同导致的。

首先计算耗费差异。耗费差异＝1 424－1 500＝－76(元)，实际比预算少花费76元，这么一比较貌似固定制造费用节约了。但如果考虑到产量因素，结论就不同了：预算1 500元是生产500件产品应当发生的固定制造费用，而企业实际生产400件产品就已发生固定制造费用1 424元了。

顺着前面的思路计算能力差异。企业还有100件产品对应的产能未被利用，存在产能浪费，也会导致固定制造费用存在差异，即能力差异。能力差异＝1 500－400×2×1.5＝300(元)

最终可以验算一下：

固定制造费用总差异＝耗费差异＋能力差异＝－76＋300＝224(元)

2. 三因素分析法

三因素分析法的耗费差异与二因素分析法是相同的。二者的差异在于对引起能力差异的原因认知不同。二因素分析法认为能力差异是实际产量达不到预算产量而造成的产能浪费。那么按照这个思路回看例题6，造成能力差异的原因就是企业实际比预算少生产100件产品，应该少使用200个工时(100×2)，但企业实际比预算仅仅少花费110个工时(1 000－890)。说明实际生产中存在 90 小时的低效率(890－400×2)。

由此可见，二因素分析法中的能力差异对产能利用程度差异认知存在局限。因此，三因素分析法就是将能力差异进一步拆解为：闲置能力差异和效率差异。

实际成本＝实际产量×实际单位工时×实际分配率① ⎫
预算成本＝标准产量×标准单位工时×标准分配率② ⎬ 耗费差异＝①－②
中间成本＝实际产量×实际单位工时×标准分配率③ ⎬ 闲置能力差异＝②－③
标准成本＝实际产量×标准单位工时×标准分配率④ ⎭ 效率差异＝③－④

(1)闲置能力差异(实际有多少工时没被利用?)

①定义：是指实际产量实际工时脱离预算产量标准工时引起的生产能力利用程度差异而导致的成本差异。

②计算：

闲置能力差异＝固定制造费用预算数－中间数
　　　　　＝标准产量×标准单位工时×标准分配率－实际产量×实际单位工时×标准分配率
　　　　　＝生产能量×标准分配率－实际产量×实际单位工时×标准分配率
　　　　　＝(生产能量－实际产量×实际单位工时)×标准分配率

(2)效率差异(由于低效率导致生产相同数量的产品多用多少工时?)

①定义：是指因生产效率差异导致的实际工时脱离标准工时而产生的成本差异。

②计算：

效率差异＝(实际产量×实际单位工时－实际产量×标准单位工时)×标准分配率

【例题 7·计算题】 某企业本月实际产量 400 件，发生固定制造费用 1 424 元，实际工时为 890 小时；企业生产能力为 500 件即 1 000 小时；固定制造费用预算金额为 1 500 元，每件产品固定制造费用标准成本为 3 元，即每件产品标准工时为 2 小时，标准分配率为 1.5 元/小时。使用三因素分析法对本月发生的固定制造费用做差异分析。

【答案】

固定制造费用耗费差异＝1 424－1 000×1.5＝－76(元)

固定制造费用闲置能力差异＝(1 000－890)×1.5＝110×1.5＝165(元)

固定制造费用效率差异＝(890－400×2)×1.5＝90×1.5＝135(元)

固定制造费用成本总差异＝实际固定制造费用－标准固定制造费用
　　　　　　　　　　　＝1 424－400×3＝224(元)

3. 能力差异、闲置能力差异和效率差异之间的关系

以例题6、7的数据为例，能力差异、闲置能力差异和效率差异三者关系如下图。

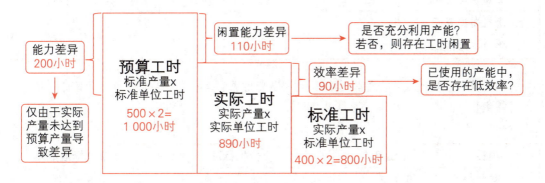

4. 固定制造费用成本差异分析总结

固定制造费成本差异分析方法分为二因素分析法和三因素分析法，二者计算公式比较如下图。

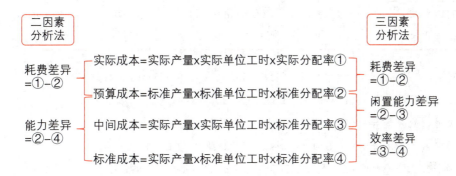

【例题8·计算分析题·桂林电子科技2017、浙江工商大学2021、中国地质大学2021、天津财经2021】公司运用标准成本系统控制甲产品的成本。甲产品每月正常生产量为500件，每件产品直接材料的标准用量为6千克，每千克的标准价格为1.5元；每件产品标准耗用工时为4小时，每小时标准工资率为4元；制造费用预算总额为10 000元，其中变动制造费用为6 000元，固定制造费用为4 000元。

本月实际生产了440件甲产品，实际材料价格1.6元/千克，全月实际耗用3 250千克；本期实际耗用直接人工2 100小时，支付工资8 820元，实际支付变动制造费用6 480元，支付固定制造费用3 900元。

要求：
(1)编制甲产品标准成本表；

项目	用量标准	价格标准	单位标准成本
直接材料			
直接人工			

续表

项目	用量标准	价格标准	单位标准成本
变动制造费用			
固定制造费用			
单位标准成本		—	—

(2)计算和分解产品标准成本差异(固定制造费用成本差异按三因素分析法计算)。

【答案】

(1)

项目	用量标准	价格标准	单位标准成本
直接材料	6千克/件	1.5元/千克	9元/件
直接人工	4小时/件	4元/小时	16元/件
变动制造费用	4小时/件	6 000/(500×4)=3(元/小时)	12元/件
固定制造费用	4小时/件	4 000/(500×4)=2(元/小时)	8元/件
单位标准成本	—	—	45元/件

(2)①直接材料成本差异=3 250×1.6−440×6×1.5=1 240(元)(超支)

直接材料价格差异=(1.6−1.5)×3 250=325(元)(超支)

直接材料数量差异=(3 250−440×6)×1.5=915(元)(超支)

②直接人工成本差异=8 820−440×4×4=1 780(元)(超支)

直接人工工资率差异=(8 820/2 100−4)×2 100=420(元)(超支)

直接人工效率差异=(2 100−440×4)×4=1 360(元)(超支)

③变动制造费用成本差异=6 480−440×4×3=1 200(元)(超支)

变动制造费用耗费差异=(6 480/2 100−3)×2 100=180(元)(超支)

变动制造费用效率差异=(2 100−440×4)×3=1 020(元)(超支)

④固定制造费用耗费差异=3 900−4 000=−100(元)(节约)

固定制造费用闲置能力差异=(500×4−2 100)×2=−200(元)(节约)

固定制造费用效率差异=(2 100−440×4)×2=680(元)(超支)

◆ 考点63·标准成本法的评价

标准成本法的主要优点：一是能够及时反馈各成本项目不同性质的差异，有利于考核相关部门及人员的业绩；二是标准成本的制定及其差异和动因的信息可以使企业预算编制更为科学和可行，有助于企业的经营决策。

标准成本法的主要缺点：一是要求企业产品的成本标准比较准确、稳定，在使用条件上存在一定的局限性；二是对标准管理要求较高，系统维护成本较高；三是标准成本需要根据市场价格波动频繁更新，导致成本差异可能缺乏可靠性，降低成本控制效果。

真题精练

一、单项选择题

1. 某种产品的变动制造费用标准分配率为 3 元/小时，每件产品的标准工时为 2 小时。2014 年 9 月，该产品的实际产量为 100 件，实际工时为 250 小时，实际发生变动制造费用 1 000 元。变动制造费用耗费差异为(　　)元。

    A. 150　　　　　　　B. 200　　　　　　　C. 250　　　　　　　D. 400

2. 甲公司生产销售乙产品，当月预算产量 1 200 件，材料标准用量 5 千克/件，材料标准单价 2 元/千克。当月实际产量 1 100 件，购买并耗用材料 5 050 千克。实际采购价格比标准价格低 10%。当月直接材料成本数量差异是(　　)元。

    A. －900　　　　　　B. －1 100　　　　　C. －1 060　　　　　D. －1 900

3. (宁波大学 2023)甲公司生产 X 产品，2019 年固定制造费用预算 125 000 元。全年产能 25 000 工时，单位产品标准工时 10 小时。实际产量 2 000 件，实际耗用 24 000 工时。固定制造费用闲置能力差异是(　　)元。

    A. 有利差异 5 000 元　　　　　　　　　　B. 不利差异 5 000 元
    C. 有利差异 20 000 元　　　　　　　　　 D. 不利差异 20 000 元

4. 某公司生产单一产品，实行标准成本管理。每件产品的标准工时为 3 小时，固定制造费用的标准成本为 6 元，企业生产能力为每月生产产品 400 件。7 月份公司实际生产产品 350 件，发生固定制造费用成本 2 250 元，实际工时 1 100 小时。计算 7 月份公司固定制造费用效率差异为(　　)元。

    A. 100　　　　　　　B. 150　　　　　　　C. 200　　　　　　　D. 300

二、计算题

(中南财经政法大学 2016)某企业生产甲产品，其标准成本资料如下。

项目	价格标准	数量标准	金额(元/件)
直接材料	9 元/千克	50 千克/件	450
直接人工	4 元/小时	45 小时/件	180
变动制造费用	3 元/小时	45 小时/件	135
固定制造费用	2 元/小时	45 小时/件	90
合计	—	—	855

甲产品正常生产能量为 1 000 小时。本月实际生产量为 20 件，实际耗用材料 900 千克，实际人工工时 950 小时，实际成本分别为：直接材料 9 000 元；直接人工 3 325 元；变动性制造

费用 2 375 元；固定制造费用 2 850 元，总计为 17 550 元。

要求：分别计算各成本项目的成本差异，其中固定制造费用差异分析采用三因素分析法。

三、名词解释

(绍兴文理学院 2023、北京外国语 2022、北京语言 2023&2017、北京工商 2021、东北石油 2021、南京财经 2020、桂林电子科技 2020、东北师范 2019、上大悉尼 2017)标准成本法

四、简答题

1.(上海大学 2021)简述标准成本法的步骤、标准成本的类型和区别。

2.(北京工商 2021、江西财经 2021)标准成本法有哪些作用？

3.(绍兴文理学院 2023)什么是标准成本？它的作用是什么？

4.(南开大学 2022)成本差异都有哪几种？如何计算成本差异？

5.(成都理工大学 2023)企业的生产成本超标，是该由生产部门负责还是采购部门负责？

6.(沈阳大学 2023)标准成本法是如何对企业管理产生影响的？

第九章 责任会计

考情点拨

大白话解释本章内容

假如我用祖传秘方在家附近开了一个包子铺，店面不大，店里的大事小情都由我一人拍板决定，这就是典型的集权；后来生意越做越大，我在全球范围内开了一万家连锁店，每家店招聘了店长等员工，那么设想一下：如果这一万家店的大事小情还是由我一人做主，是不是有点行不通了？所以我不能再将权力都集中于自己手中，而应该将一部分权力下放给店长，这样我就可以集中精力去做其他有利于公司长远发展的事情，同时还能调动店长的工作积极性。

但是问题又来了：万一店长在做决策的时候只考虑自己门店的利益而损害了公司整体的利益呢？

所以我需要一套制度来确保每位店长在行使权力的同时，还能明确自己的责任，定期对责任落实情况进行考核和评价。责任会计就是顺应这个需求发展起来的。

本章难度 ★
本章重要程度 ★

本章复习策略

本章内容较简单，逻辑性很强；考题以名词解释和简答题为主，主要考查三种责任中心的含义和考核指标、投资中心两类考核指标各自的优缺点，大家在理解的基础上记忆即可。

考点精讲

第一节 责任会计概述

在传统企业组织中，往往实施集权管理，把企业经营管理权较多集中在企业上层。随着企业规模的不断扩大，企业逐渐将一部分经营管理权下放给基层管理者，实施分权管理。分权管理虽然可以激发员工工作积极性并提升公司决策的效率，但是由于部门管理者受其自身能力的局限，可能会在行使决策权时仅考虑本部门利益而损害公司整体利益。

因此，为最大限度地发挥分权管理的优势，就需要采用一定的方法，在赋予内部各单位相应权力的同时，明确划分其责任，并加强对责任落实情况的考核和评价。责任会计就是顺应此要求发展和完善起来的一种企业内部控制制度。

◆ 考点64 · 责任会计与责任中心的类型

1. 责任会计的含义

责任会计是指为适应企业内部经济责任制的要求，对企业内部各责任中心的经济业务进行规划与控制，以实现业绩考核与评价的一种内部会计控制制度。

2. 责任中心的类型

根据内部单位职责范围和权限大小，可以将其分为成本中心、利润中心和投资中心。

3. 企业组织结构的类型

组织结构类型	特点
科层组织结构	存在两类并行的机构，企业生产经营的决策权力主要集中在最高层的直线领导手中 ①直线指挥机构：如总部、分部、车间、工段和班组等； ②参谋职能机构：如研究开发部、人力资源部、财务部、营销部及售后服务部等
事业部制组织结构	分权的组织结构，把分权管理与独立核算结合在一起，总公司在重大问题上集中决策。各个事业部独立经营、独立核算、自负盈亏，是利润中心

第二节 成本中心

◆ 考点65 · 成本中心概述

1. 含义及特征

成本中心是指只对其成本或费用承担经济责任并负责控制和报告成本或费用的责任中心。

成本中心往往没有收入，或者有少量收入，但不成为主要的考核内容。任何发生成本的责任领域，都可以确定为成本中心，大的成本中心可能是一个分公司、分厂，小的成本中心可以是车间、工段、班组。

2. 成本中心的类型

类型	标准成本中心	费用中心
产出物的特点	所生产的产品稳定而明确，产出物能用财务指标来衡量	产出物不能用财务指标来衡量
投入和产出之间的关系	投入和产出之间有密切关系	投入和产出之间没有密切关系
适用情况	各行业都可能建立标准成本中心	费用中心包括一般行政管理部门、研究开发部门以及某些销售部门
考核指标	既定产品质量和数量条件下的可控标准成本，即责任成本	通常使用可控费用预算来评价其成本控制业绩

◆ 考点 66 · 责任成本

1. 含义

责任成本是以具体责任单位为对象，以其承担的责任为范围所归集的成本，也就是特定责任中心的全部可控成本。

通过责任成本的含义，可以总结出如下特点。

核算目的	评价成本控制业绩
成本计算对象	责任中心
成本的范围	各责任中心的可控成本
共同成本的分配原则	可控原则，即谁控制谁负责

2. 可控成本

(1) 含义

可控成本是指在特定时期内、特定责任中心能够直接控制其发生的成本。

【注意】

①可控成本总是针对特定责任中心来说的。例如，耗用材料的进货成本，采购部门可以控制，使用材料的生产单位则不能控制。

②区别可控成本和不可控成本，还要考虑成本发生的时间范围。一般来说，在消耗或支付的当期成本是可控的，一旦消耗或支付了就不再可控。有些成本是以前决策的结果，如折旧费、租赁费等，在添置设备和签订租约时曾经是可控的，而使用设备或执行契约时已无法控制。

(2)确定的条件

通常可控成本应<u>同时符合</u>以下三个条件。
①成本中心有办法知道<u>将发生</u>什么样性质的耗费;(可预测)
②成本中心有办法<u>计量</u>它的耗费;(可计量)
③成本中心有办法<u>控制并调节</u>它的耗费。(可控制和调节)

(3)责任成本与产品成本的区别

项目	责任成本	产品成本
核算目的	评价成本控制业绩	按会计准则确定存货成本和期间损益
成本计算对象	责任中心	产品
成本的范围	只包括各责任中心的可控成本	直接材料、直接人工和制造费用
共同费用的分配原则	按可控原则分配,谁控制谁负责,将可控的变动间接费用和可控的固定间接费用都要分配给责任中心	按受益原则分配,谁受益谁承担,要分摊全部的制造费用(既分摊变动制造费用,又分摊固定制造费用)

【例题1·单选题】成本中心的业绩评价是以( )为重点,其目的是提高成本中心控制的有效性。

A. 不可控成本 B. 可控成本 C. 变现成本 D. 沉没成本

【解析】成本中心作为一个只对其成本或费用承担经济责任并负责控制和报告的责任中心,其核算的主要为各责任中心的可控成本。

【答案】B

【例题2·单选题·北京国家会计学院2016】下列关于成本中心的说法中正确的( )。

A. 考核其所发生的成本和费用   B. 考核其收入
C. 不对可控成本承担责任   D. 不对责任成本进行考核与控制

【解析】成本中心是指只对其成本或费用承担经济责任并负责控制和报告成本或费用的责任中心,主要对可控成本负责,而责任成本就是特定责任中心的全部可控成本,选项BCD与其内涵相反。

【答案】A

【例题3·单选题】某生产车间是一个标准成本中心。为了对该车间进行业绩评价,需要计算的责任成本范围是( )。

A. 该车间的直接材料、直接人工和全部制造费用
B. 该车间的直接材料、直接人工和变动制造费用
C. 该车间的直接材料、直接人工和可控制造费用
D. 该车间的全部可控成本

【解析】责任成本是以具体的责任单位(部门、单位或个人)为对象,以其承担的责任为范围所归集的成本,也就是特定责任中心的全部可控成本。

【答案】D

第三节 利润中心

◆ 考点 67 · 利润中心的含义和类型

1. 含义及特征

利润中心是指对利润负责的责任中心。由于利润等于收入减去成本或费用,所以利润中心是对收入成本或费用都要承担责任的责任中心。

与成本中心不同,并不是可以计量利润的组织单位都是真正意义上的利润中心。从根本目的上看,利润中心是指管理人员有权对其供货的来源和市场的选择进行决策的单位。

2. 利润中心的类型

类型	含义
自然的利润中心	可以直接向企业外部出售产品,在市场上进行购销业务
人为的利润中心	在企业内部按内部转移价格出售产品

◆ 考点 68 · 利润中心的考核指标

指标及计算	特点
边际贡献＝销售收入－变动成本总额	以边际贡献作为利润中心的业绩评价依据不够全面
部门可控边际贡献＝边际贡献－可控固定成本	以可控边际贡献作为业绩评价依据可能是最好的,它反映了部门经理在其权限和控制范围内有效使用资源的能力
部门税前经营利润＝部门可控边际贡献－不可控固定成本	以部门税前经营利润作为业绩评价依据,可能更适合评价该部门对公司利润和管理费用的贡献,而不适合于部门经理的评价

【例题 4 · 单选题】甲部门是一个利润中心。销售收入为 10 000 万元,变动成本为 4 000 万元,部门可控固定成本为 1 000 万元,部门不可控固定成本为 1 000 万元,总公司分摊来的管理费用为 1 000 万元,最适合用来评价该部门对企业贡献的利润为(　　)万元。

A. 6 000　　　　B. 5 000　　　　C. 4 000　　　　D. 3 000

【解析】最适合用来评价部门对企业贡献的指标是部门税前经营利润,部门税前经营利润＝销售收入－变动成本总额－可控成本－不可控固定成本＝10 000－4 000－1 000－1 000＝4 000(万元)。

【答案】C

【例题5·判断题·厦门国家会计学院2018】能够单独计算出利润的单位都是利润中心。（　　）

【解析】从根本目的上看，利润中心是指管理人员有权对其供货的来源和市场的选择进行决策的单位。并不是可以计量利润的组织单位都是真正意义上的利润中心。

【答案】×

【例题6·单选题】甲部门是一个利润中心。下列各项指标中，考核该部门经理业绩最适合的指标是（　　）。

A. 部门边际贡献　　　　　　　　　　B. 部门税后利润
C. 部门税前经营利润　　　　　　　　D. 部门可控边际贡献

【解析】以可控边际贡献作为业绩评价依据可能是最佳选择，因其反映了部门经理在其权限和控制范围内有效使用资源的能力。部门经理可控制收入以及变动成本和可控固定成本，因而可以对可控边际贡献承担责任，所以选项D正确。

【答案】D

第四节　投资中心

投资中心是指某些分散经营的单位或部门，其经理所拥有的自主权不仅包括制定价格、确定产品和生产方法等短期经营决策权，还包括投资规模和投资类型等投资决策权。

◆考点69·投资中心的考核指标

1. 部门投资报酬率

公式	部门投资报酬率＝部门税前经营利润÷部门平均净经营资产
指标优缺点	优点： (1)它是根据现有的会计资料计算的，比较客观； (2)相对数指标，可用于部门之间以及不同行业之间的比较； (3)部门投资报酬率可以分解为投资周转率和部门税前经营利润率两者的乘积，并可进一步分解为资产的明细项目和收支的明细项目，从而对整个部门的经营状况作出评价
	缺点：部门经理会放弃高于公司要求的报酬率而低于目前部门投资报酬率的机会，或者减少现有的投资报酬率较低但高于公司要求的报酬率的某些资产，使部门的业绩获得较好评价，但却伤害了公司整体的利益

2. 剩余收益

公式	部门剩余收益＝部门税前经营利润－部门平均净经营资产应计报酬 ＝部门税前经营利润－部门平均净经营资产×要求的税前投资报酬率
指标优缺点	优点： (1) 与增加股东财富的目标一致，可以使业绩评价与公司的目标协调一致，引导部门经理采纳高于公司资本成本的决策； (2) 允许使用不同的风险调整资本成本 缺点：绝对数指标，不便于不同规模的公司和部门之间的比较

【例题7·计算题】某公司有A和B两个部门，有关数据如下表所示。假设A部门要求的税前投资报酬率为10%，B部门的风险较大，要求的税前投资报酬率为12%，公司要求的税前投资报酬率为11%。B部门经理面临一个税前投资报酬率为13%的投资机会，投资额为100 000元。

单位：元

项目	A部门	B部门
部门税前经营利润	108 000	90 000
所得税（税率25%）	27 000	22 500
部门税后经营净利润	81 000	67 500
部门平均经营资产	900 000	600 000
部门平均经营负债	50 000	40 000
部门平均净经营资产（部门平均净投资资本）	850 000	560 000

要求：
(1) 计算两个投资中心目前的投资报酬率；
(2) B部门是否接受新的投资项目？分别计算其投资报酬率和剩余收益来说明。

【答案】
(1) A部门投资报酬率＝108 000÷850 000＝12.71%
B部门投资报酬率＝90 000÷560 000＝16.07%

(2) ① B部门采纳新的投资项目后的投资报酬率＝$\frac{90\ 000+100\ 000\times 13\%}{560\ 000+100\ 000}$＝15.61%

尽管对整个公司来说，由于投资报酬率高于公司要求的报酬率，应当利用这个投资机会，但却使该部门的投资报酬率由过去的16.07%下降到15.61%。因此，B部门将放弃这个项目

② B部门当前的剩余收益＝90 000－560 000×12%＝22 800(元)
B部门采纳投资方案后剩余收益＝(90 000＋100 000×13%)－(560 000＋100 000)×12%＝23 800(元)

说明采纳该项目后会增加部门剩余收益，B部门将接受该项目

【例题8·多选题·北京国家会计学院2013】剩余收益是评价投资中心业绩的指标之一，下列关于剩余收益指标的说法中，正确的有( )。

A. 剩余收益可以根据现有财务报表资料直接计算

B. 剩余收益可以引导部门经理采取与企业总体利益一致的决策

C. 计算剩余收益时，对不同部门可以使用不同的资本成本

D. 剩余收益指标可以直接用于不同规模的投资中心业绩之间的比较

【解析】剩余收益的计算需要利用资本成本，资本成本不能根据现有财务报表资料直接计算，选项A错误；剩余收益是绝对数指标，不便于不同规模的投资中心业绩的比较，选项D错误。

【答案】BC

老丁翻译

三大责任中心的特征归纳

成本中心、利润中心和投资中心在应用范围权力、考核范围和考核指标的特征如下。

项目	应用范围	权利	考核范围	考核指标
成本中心	最广	可控成本的控制权	可控的成本、费用	①标准成本中心：可控标准成本；②费用中心：可控费用
利润中心	较窄	有权对其供货的来源和市场的选择进行决策	成本、收入、利润	部门边际贡献 部门可控边际贡献 部门税前经营利润
投资中心	最小	经营决策权、投资决策权	成本、收入、利润、投资效果	投资报酬率 剩余收益

真题精练

一、判断题

1.（东北石油大学）预算可以作为业绩考核的标准。( )

2.（厦门国家会计学院2018）作业成本法不利于业绩评价。( )

二、名词解释

（武汉理工大学2023、新疆财经2022）可控成本

三、简答题

1.（山东工商学院2022、北京外国语2022、新疆农业2020）谈谈你对责任会计的理解。

2. (沈阳工业 2023、福建农林 2022、东北石油 2021、天津财经 2019、湖北民族 2020)简述责任中心的概念及分类。
3. (河海大学 2018)责任中心有哪些类型?分类标准是什么?
4. (厦门大学 2017)简述责任中心的种类和基本内容。
5. (河北大学 2023)简述责任中心的种类。
6. (上海对外经贸 2021、中国海洋大学 2019&2018)简述责任中心的类型和评价指标。
7. (新疆财经大学 2023)什么是利润中心?
8. (贵州财经大学 2023、燕山大学 2020)简述投资中心的定义和衡量指标。
9. (武汉理工大学 2023)简述利润中心的业绩评价指标。
10. (北京国家会计学院 2014)简述利润中心和成本中心的区别。
11. (西安交通大学 2020)简述投资中心和利润中心的区别。
12. (武汉理工 2023、河南大学 2022、南京师范 2020)简述责任成本与产品成本的区别。
13. (沈阳大学 2020)什么是责任成本?
14. (天津财经大学 2020)简述可控成本的确认条件。
15. (中国海洋大学 2018)事业部是哪种责任中心?原因是什么?

第十章 业绩评价

考情点拨

大白话解释本章内容

在公司制企业中所有权和经营权是相分离的，股东难免担心管理层"不干活"或"瞎干活"，损害股东利益。为了解决这一矛盾，就需要引入企业整体绩效评价工具，来对管理层业绩做出评价，并相应给予奖励和惩罚，从而激励管理层为企业创造更多价值。

企业最初使用的评价工具是财务指标，比如利润，这种做法优点就是数据比较容易获得，但也存在如下缺点：计算利润的过程中没有扣减股东的资本成本，而且反映的是过去的业绩。为了改善利润指标，又引入了经济增加值（EVA），只有EVA大于0时，才代表管理层真正为股东创造了价值。但上述两个工具都反映的是"结果"的好坏，没有对造成"结果"的原因进行剖析。于是产生了平衡计分卡，它从客户、内部业务流程、学习与成长、财务四个维度评价企业业绩，企业只有把前三个维度都做好了，最终的财务指标才会让股东满意。

本章难度 ★
本章重要程度 ★★

本章复习策略

本章内容较简单，考查形式多为名词解释和简答题，重点考查EVA的含义和优缺点、平衡计分卡的含义、四个维度的含义和关系以及优缺点。大家在理解的基础上记忆即可。

考点精讲

第一节 财务业绩评价与非财务业绩评价

◆ **考点70·财务业绩评价与非财务业绩评价**

1. 财务业绩评价

含义	根据财务信息评价管理者业绩的评价方法，主要通过财务指标，例如营业利润率、投资报酬率和权益报酬率等

优点	(1)可以反映企业的综合经营成果； (2)数据易获取，操作简便，易于理解
缺点	(1)无法反映企业管理者的长期业绩。财务业绩体现的是企业当期的财务成果，侧重过去，且反映的是企业的短期业绩； (2)财务业绩是一种结果导向，只注重最终的财务结果，欠缺对改善结果过程的考虑； (3)财务业绩依据会计数据进行考核，可能无法公允地反映管理层的真正业绩

2. 非财务业绩评价

含义	根据非财务信息评价管理者业绩的评价方法，主要通过市场份额、顾客满意度及忠诚度等衡量
优点	避免了财务业绩评价只侧重过去、注重短期业绩的不足；非财务业绩评价更体现长远业绩以及外部对企业的整体评价
缺点	一些关键的非财务业绩指标往往比较主观，数据收集较困难，评价指标数据的可靠性难以保证

第二节 基于 EVA 的业绩考核

◆ 考点 71 · 基于 EVA 的业绩考核

1. EVA（经济增加值）的含义

EVA（经济增加值）是指从税后净营业利润扣除全部投入资本的成本后的剩余收益。其核心是资本投入是有成本的，企业的盈利只有高于其资本成本（包括股权成本和债务成本）时才会为股东创造价值。

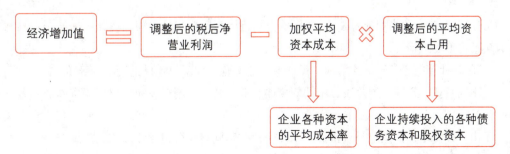

总的来说，经济增加值为正，表明经营者在为企业创造价值；经济增加值为负，表明经营

者在损毁企业价值。

2. EVA 与会计利润指标的区别

由于利润是企业一定期间经营收入和经营成本、费用的差额，基于利润的业绩考核与评价指标反映了当期经营活动中投入与产出对比的结果，但是由于利润是根据会计报表信息直接计算出来的，而会计报表的编制受到会计制度的约束，因而不能准确反映企业的财务状况和经营成果。利润的计算没有扣除企业权益资本的成本，导致成本计算不完全，因此无法准确判断企业为股东创造的财富数量，只能在一定程度上体现企业经营效益的高低。

而剩余收益评价指标是根据企业获得的利润，扣除其净资产占用额（或投资额）按照规定或预期的最低收益率计算的投资收益后的余额，是一个部门的营业利润超过其预期最低收益的部分。EVA 评价指标则充分考虑投入资本的机会成本，它可以提供一种可靠的尺度来反映管理行为是否增加了股东财富，以及增加股东财富的数量。企业 EVA 持续增长意味着公司市场价值的不断增加和股东财富的增加，从而实现股东财富最大化的财务目标。

3. EVA 与剩余收益的区别

区别	剩余收益	EVA
计算依据	税前经营利润、税前报酬率	税后经营净利润、加权平均资本成本
评价目的	防止部门利益侵害整体	经营者为股东创造价值，实现股东财富最大化

4. EVA 的评价

(1) 优点

①经济增加值考虑了所有资本的成本，更真实地反映了企业的价值创造能力。

②实现了企业利益、经营者利益和员工利益的统一，激励经营者和所有员工为企业创造更多价值。

③能有效遏制企业盲目扩张规模以追求利润总量和增长率的倾向，引导企业注重价值创造。

(2) 缺点

①EVA 仅对企业当期或未来 1—3 年价值创造情况进行衡量和预判，无法衡量企业长远发展战略的价值创造情况。

②EVA 计算主要基于财务指标，无法对企业的营运效率与效果进行综合评价。

③不同行业、不同发展阶段、不同规模的企业，其会计调整项和加权平均资本成本各不相同，计算比较复杂，影响指标的可比性。

④由于经济增加值是绝对数指标，不便于比较不同规模公司的业绩。

⑤经济增加值也有许多和投资报酬率一样误导使用人的缺点，例如处于成长阶段的公司经济增加值较少，而处于衰退阶段的公司经济增加值可能较高。

⑥在计算经济增加值时,对于净收益应作哪些调整以及资本成本的确定等,尚存在许多争议。这些争议不利于建立一个统一的规范。而缺乏统一性的业绩评价指标,只能在一个公司的历史分析以及内部评价中使用。

第三节 平衡计分卡

◆ 考点 72 · 平衡计分卡

1. 平衡计分卡的含义

平衡计分卡是由罗伯特·卡普兰和大卫·诺顿提出的从公司战略角度对部门进行考核的一种全新的组织绩效管理方法。平衡计分卡是基于企业战略,从财务、客户、内部业务流程、学习与成长四个维度,将战略目标逐层分解转化为具体的、相互平衡的绩效指标体系,并据此进行绩效管理的方法。

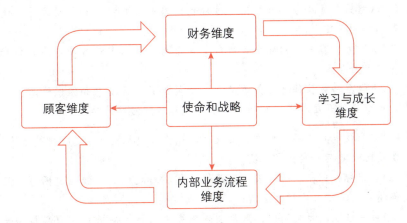

2. 平衡计分卡的四个维度

维度	目标	常用指标
财务维度	解决"股东如何看待我们"这一类问题	投资报酬率、权益净利率、经济增加值、息税前利润、自由现金流量、资产负债率、总资产周转率
顾客维度	回答"顾客如何看待我们"的问题	市场份额、客户满意度、客户获得率、客户保持率、客户获利率、战略客户数量等
内部业务流程维度	着眼于企业的核心竞争力,解决"我们的优势是什么"的问题	交货及时率、生产负荷率、产品合格率、存货周转率、单位生产成本等
学习与成长维度	解决"我们是否能继续提高并创造价值"的问题	新产品开发周期、员工满意度、员工保持率、员工生产率、培训计划完成率等

3. 平衡计分卡的四对平衡

平衡关系	指标
外部与内部的平衡	外部评价指标(如股东和客户对企业的评价)和内部评价指标(如内部经营过程、新技术学习等)的平衡
成果与驱动因素的平衡	成果评价指标(如利润、市场占有率等)和导致成果出现的驱动因素评价指标(如新产品投资开发等)的平衡
财务和非财务的平衡	财务评价指标(如利润等)和非财务评价指标(如员工忠诚度、客户满意程度等)的平衡
短期和长期的平衡	短期评价指标(如利润指标等)和长期评价指标(如员工培训成本、研发费用等)的平衡

4. 平衡计分卡的优缺点

优点	(1)战略目标逐层分解并转化为被评价对象的绩效指标和行动方案,使整个组织行动协调一致; (2)从财务、客户、内部业务流程、学习与成长四个维度确定绩效指标,使绩效评价更为全面完整; (3)将学习与成长作为一个维度,注重员工的发展要求和组织资本、信息资本等无形资产的开发利用,有利于增强企业可持续发展的动力
缺点	(1)专业技术要求高,工作量比较大,操作难度也较大,需要持续地沟通和反馈,实施比较复杂,实施成本高; (2)各指标权重在不同层级及各层级不同指标之间的分配比较困难,且部分非财务指标的量化工作难以落实; (3)系统性强,涉及面广,需要专业人员的指导、企业全员的参与和长期持续地修正完善,对信息系统、管理能力的要求较高

◆ 考点 73 · 战略管理地图——平衡计分卡的发展

1. 战略管理地图的含义

平衡计分卡的四个维度形成了一系列的因果关系链,而每个维度中的衡量指标都形成了一套逻辑链条,这些关系链条就将企业的战略所期望的结果和获得这些结果的驱动因素结合起来。将这些关系链条整合在一起就形成了基于平衡计分卡的战略管理地图。

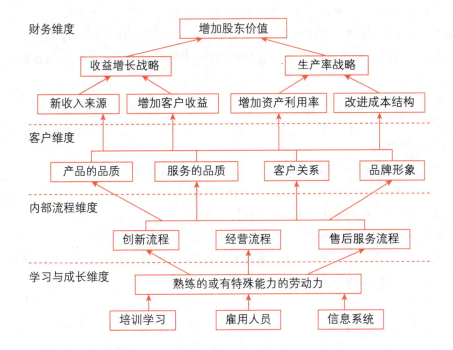

2. 战略管理地图的作用

战略管理地图可以帮助企业用连贯、系统和整体的方式来看待企业的战略，有助于企业更精确地定义客户的价值取向，增进内部流程活动能力，增强学习与成长能力，最终达到股东价值最大化的目标。

真题精练

一、名词解释
1.（广西大学 2017、财科所 2016、北京国家会计学院 2012）业绩评价
2.（宁波大学 2023、中国石油大学（华东）2020）平衡计分卡

二、简答题
1.（沈阳工业大学 2020）企业业绩评价有什么作用？
2.（北京国家会计学院 2015）简述 EVA 绩效评价方法。
3.（北京国家会计学院 2012）简述经济增加值的原理、作用、优点以及对经理人的激励作用。
4.（中国矿业大学北京 2020）简述 EVA 模型。
5.（华中科技大学 2022）简述经济增加值的优点与缺点。
6.（江苏大学 2020）EVA 是什么？与普通的利润指标相比有什么优点？
7.（上海大学 2023、重庆理工 2023、成都理工 2022）什么是平衡计分卡？
8.（上海大学 2020）平衡计分卡有哪些维度？
9.（贵州财经大学）平衡计分卡是什么？有哪几个维度？

10. (中央民族大学 2020)平衡计分卡的框架是什么?平衡计分卡是谁提出的?
11. (河南农业 2020)请阐述平衡计分卡,并说明平衡计分卡在应用中的优越性。
12. (北京第二外国语学院 2022、上海大学 2020)简述平衡计分卡中的维度以及各维度的评判指标。
13. (中央民族 2022、绍兴文理学院 2022、中国石油大学(华东)2022、黑龙江 2021、中南民族大学 2021、西安外国语 2020、浙江工商 2020、燕山大学 2020、中国石油大学(华东)2020)阐述平衡计分卡。
14. (厦门大学 2023、新疆财经 2022)谈谈你对平衡计分卡的理解。
15. (新疆财经 2022、成都理工 2022)简述平衡计分卡的优缺点。
16. (浙江工商 2021)平衡计分卡里的非财务指标有哪些?
17. (广东技术师范 2022)什么是平衡计分卡?举例说明非财务指标有哪些?
18. (上海大学 2020)平衡计分卡中的财务维度和学习与成长维度,你认为哪个更容易实现?
19. (黑龙江大学 2020)简述战略地图的内容。